原因と結果の現代史

たった5分でつまみ食い

歴史ジャーナリズムの会［編］

青春出版社

はじめに

近年、世界は目まぐるしく変化している。現代社会に生きる者として、その動きをしっかり理解しておきたいものだ。しかし、新聞やテレビを見ても、世界で何が起こっているのか、いま一つ実感できない……こう思っている人は多いのではないだろうか？

それも当然かもしれない。新聞やテレビは〈結果＝いま何が起こっているのか〉を伝えるのに忙しく、〈原因＝なぜ起こったのか〉についての説明が不足しがちだからだ。

〈原因〉がわかれば、〈結果〉はすんなり頭に入る。例えば、「イギリス」という国の本質を知れば、「EU離脱」を決めたことにも納得だ。「尖閣《せんかく》諸島」や「竹島」でのもめごとは、歴史をちょっと遡《さかのぼ》れば、〝ああ、そうだったのか〟とうなずけることだろう。

本書では近年（ここ5年〜10年程度）に起こった大きな出来事をピックアップ。1項目を1〜2見開きでコンパクトにまとめ、日本への影響も含めて簡潔に解説した。各タイトル下のリード部分では、概要を3行でまとめ、ここだけを見ても流れがつかめるようにした。必要に応じて地図や図版でも説明し、よりくわしく知るための脚注も多用している。

ページ順に読み進めても、気になるテーマから読み始めても、目次や索引で知りたい項目を探して読んでもOKだ。読めばきっと、あの出来事がなぜ起こったのか。手に取るようにわかるだろう。

原因と結果の現代史〈もくじ〉

第1章 迷走を続けるEU

第2章 世界を震撼させるIS

第3章 抑えきれない中国の野望

第4章 激化する北朝鮮の挑発

第5章 深まる韓国の反日感情

竹島を巡る日韓の主張 ― 98
鎖国中の江戸時代から、漁師がアシカ猟、アワビ漁を現在、沿岸警備隊が常駐し、韓国に実効支配される

朴槿恵、大統領就任 ― 102
父は韓国史上、最高の大統領との評価
慰安婦や領土問題で、意外なほど強硬な姿勢！

竹島を巡る日韓の軋轢 ― 100
北朝鮮を監視するのに絶好の場所だからほしい？
韓国大統領が上陸し、日本は強く抗議！

慰安婦問題が日韓合意 ― 104
慰安婦問題は解決済み！　これが日本の立場だが…
日韓の大きな火種は、本当に完全決着したのか？

◉韓国【年表】 ― 106

第6章 アメリカの世界戦略

第7章 ロシアと周辺諸国の衝突

第8章 世界経済を襲う試練

第9章 終わらないアフリカの紛争

第1章

迷走を続けるEU

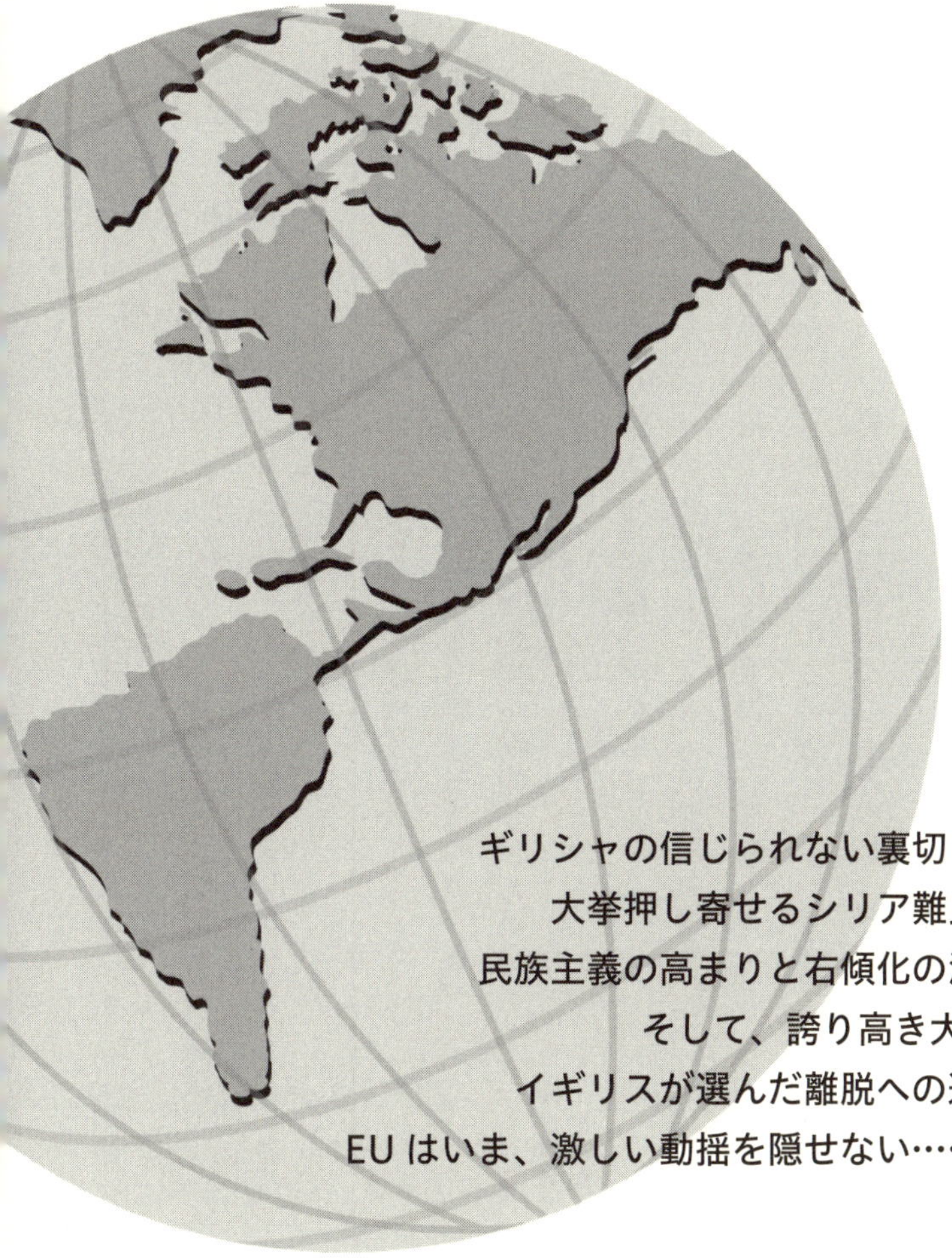

ギリシャの信じられない裏切り、
大挙押し寄せるシリア難民、
民族主義の高まりと右傾化の波、
そして、誇り高き大国
イギリスが選んだ離脱への道。
EU はいま、激しい動揺を隠せない……。

動揺するEU

1993年〜

人やモノが自由に行き来でき、最終的には「ヨーロッパ連邦」へ。このEUがいま、激震している！

世界最大の経済圏に近年、問題が次々発生！

いまEUが激しく揺れている。突然、ギリシャ危機が判明したかと思うと、息つくひまもなく、今度はシリアから難民が押し寄せる。さらに各国でテロが頻発し、そのうえイギリスがまさかの離脱へ……。近年、想定外の大問題が次々に起こっている。

そもそも、EUとは何か。正式名称は「ヨーロッパ連合」。国境を超えて国を統合し、究極の目標として「ヨーロッパ連邦」を目指す壮大な取り組みだ。現在、28か国が参加し、人口は5億人余り。アメリカと肩を並べる世界最大規模の経済圏*になっている。

EUのルーツ*は第二次世界大戦後に誕生。安全保障を第一の目的とし、ヨーロッパを二度と戦場にしないことを目指す枠組みだった。その後、経済面でのまとまりが重視されるようになり、枠組みの形を何度か変えて、1993年にいまのEUとなった。

＊世界最大規模の経済圏
2015年のGDPは、アメリカが17兆9470億ドルで、EUは16兆2204億ドル、日本は4兆1232億ドル。

＊EUのルーツ
1952年に誕生した「ヨーロッパ石炭鉄鋼共同体（ECSC）」がルーツ。当時の軍事力の基盤になっていた石炭と鉄鋼業を、特定の国が勝手に使えなくすることを目的とした。

国境をなくして、広大な市場を作ったが…

ＥＵの最大の特徴は、広大な一つの市場を作り上げたことだ。加盟国は国境に妨げられることなく、人やモノ、サービス、資本を自由に移動できる。その市場を支えているのが、共通通貨のユーロ*だ。導入にあたっては、財政の安定といった一定の基準*を満たすことが条件とされている。

ＥＵとしては当然、加盟国は基準をちゃんと満たしていると信じていた。ところが、まるっきりウソをついていた国があった。それが、信じられない財政危機を引き起こしたギリシャだ。

＊ユーロ
2002年に一般の流通がスタート。硬貨は片面が共通デザインで、もう片面が各国独自のデザインになっている。もちろん、どのタイプのユーロも、すべてのユーロ導入国で使用できる。

＊一定の基準
ユーロ導入の基準をクリアしないと、EUに加盟することはできない。ただし、国内事情などによって、加盟後も導入しない国もある。現在、導入国は19か国。イギリスは自国の通貨であるポンドにこだわって導入しなかった。

ギリシャ危機

2009年

ＥＵ加盟条件を大きく下回る
大赤字の財政だったことが判明！
ＥＵの支援で一応乗りきったが…。

国の財政が大赤字なのに大ウソをついていた！

世界が驚き、呆れ、凍りついたギリシャ危機は２００９年10月、ギリシャの政権交代から始まった。新政権は国の財政を改めて調査し、財政赤字の見通しを修正。前政権が発表していた国内総生産（ＧＤＰ）比３・７％を、３倍以上も高い12％台に引き上げた。

ＥＵ加盟の条件の一つに、「財政赤字はＧＤＰ３％以内」というルールがある。大きな借金のある国はお断り、というわけだ。ギリシャ新政権が修正した数字は、この基準を大きく上回るとんでもないもの。前政権はＥＵにとどまるため、大赤字の財政が続いていたことを隠していたのだ。

ギリシャが財政危機に陥った要因の一つは、「リーマン・ショック」*による世界的な不況。しかし、それだけではなく、ギリシャでは公務員の数がやたらに多くて、しかも給料が高いなどといった他国にはない問題*があった。

＊リーマン・ショック
→P146

＊他国にはない問題
他国に比べて年金が手厚い、脱税が蔓延している、などの問題もある。

〝特別な存在〟ギリシャを何としても救出せよ！

粉飾財政が判明してから、ギリシャ国債は大暴落。信用を一気になくし、国の財政は破綻寸前にまで追い込まれた。この財政危機はEUの他の加盟国にも飛び火。スペインやポルトガルでは金融危機に陥り、イタリアでは首相が財政悪化の責任を取って辞任した。

ギリシャが陥った危機は自業自得といえるものだが、金融不安の広がりは防がねばならない。EUは国際通貨基金（IMF）とともにギリシャ支援*に乗り出し、2010年5月に計1100億ユーロ（約12兆円）、12年2月に計1300億ユーロ（約14兆円）の融資を行った。

ギリシャは融資を受ける条件として、公務員の数や年金支給額の削減、税率の引き上げなどを求められ、それぞれに改革を行うことで応じた。

この大変な事態にあたって、EUは基本的に、ギリシャを懸命に救おうとしていた。これはギリシャがヨーロッパでも〝特別な存在*〟であることが一つの理由だ。この点を理解しないと、両者の関係が見えてこない。

国家の破産寸前の危機をEUに救われたギリシャ。しかし、これにこりもせず、2015年には再び面倒な事態を引き起こしてしまう。

＊ギリシャ支援
EUは当初、IMFがギリシャ財政に介入すると、ユーロそのものに対する改善策も要求するのではないかと恐れ、独自にギリシャ支援に乗り出そうとした。だが、EUの〝優等生〟であるドイツが「ギリシャに甘い」と反発し、IMFとともに支援することになった。

＊特別な存在
ギリシャ文明によってヨーロッパで最初に栄えた地、民主主義の生まれた地として、ヨーロッパでは特別扱いされている。

再びギリシャ危機

2015年

冷え込む景気に国民が嫌気…。国民投票でEUに大反発したが、EUも譲らず、元のサヤに収まった。

EUの緊縮財政に反対する急進左派連合が選挙で圧勝！

ギリシャは財政危機になって以来、EUやIMFからの融資条件である構造改革や緊縮財政を行ってきた。しかし、景気は冷え込むばかりで、失業率*は25%を記録した。また、年金などの社会保障が削られる一方で、消費税に当たる付加価値税は引き上げられ、生活はますます苦しくなっていく。

こうして不満がたまったギリシャで2015年1月に総選挙が行われ、EUを仰天させる結果となる。緊縮財政に反対する急進左派連合が大勝してしまったのだ。

国民投票の結果は「EUの言いなりはイヤ！」

アレクシス・チプラス新首相は「支援は続けよ！　緊縮策はやめさせよ！」とEUに呼びかける。EUがいくらギリシャのことを大好きでも、こんな勝手な言い分は飲めない。

＊失業率
特に若年層の求人がなく、失業率は約50%。有能な若者は職を求めて、どんどん国を出ていくようになった。

だが、世論を味方にしたチプラス首相は粘り、EUが融資条件とした一層の緊縮策に応じるかどうか、7月に国*民投票を実施することにした。これでギリシャの金*融業界は大混乱。IMFへの借金を返せなくなり、先進国で初めて債*務不履行の国となった。

国民投票の結果は、緊縮策反対が61%。これでEUも妥協するだろうと、チプラス首相は考えたが、ドイツが強硬な姿勢を崩さない。見えてきたのはEU離脱への道……。窮地に陥ったチプラス首相は、国民投票の結果を無視して、緊縮策を行うことで折れた。こうしてEUの金融支援が再開され、ギリギリで財政危機を回避した。

＊国民投票
チプラス首相は「反対」への投票を呼びかけた。ギリシャ国民の支持を背景に交渉に臨み、EUから譲歩を引き出そうという作戦だった。

＊金融業界は大混乱
銀行の取り引きが制限されることになり、人々は預金が引き出せなくなることを恐れ、ATMには長蛇の列ができた。

＊債務不履行
6月末がIMFに借りた15億ユーロ（約2000億円）の返済期限だった。IMFは債務不履行（デフォルト）にはしないで、支払いの延滞扱いにした。

スコットランド独立住民投票

2014年

北海油田の開発などにより、独立賛成派が増えて住民投票へ！結果は「ＮＯ」で離脱をとどまった。

北海油田から得る利益で、北欧型の福祉社会へ！

２０１４年9月18日、スコットランド*ドがイギリスから独立するか否かを問う住民投票が行われた。結果次第ではヨーロッパはもちろん、日本にも大きな影響を及ぼしたに違いない、非常に大きな出来事だった。

ところで、「スコットランドがイギリスから独立」とはどういうことか？

イギリスの正式名称は「グ*レートブリテン及び北アイルランド連合王国」。スコットランドは３００年来、この連合王国の一員だが、１９７０年代以降、独立に向けての動きが高まってきた。

スコットランド沖で北海油田*が開発されたこと、保守派のサッチャー政権時に地元の鉄鋼業や造船業が衰退したこと、などが大きな理由だ。独立派の*スコットランド民族党は、北海油田から得られる財力により、福祉が充実した北欧型の社会を実現しようと、スコットランドの人々に訴えた。

＊スコットランド
スコットランドの面積はイギリス全体の約30％、人口は約8％に当たる約530万人。1999年から自治政府があり、独自のスコットランド議会が運営。

＊グレートブリテン及び北アイルランド連合王国
イングランド、スコットランド、ウェールズ、北アイルランドの4地域が集まった王国。ちなみに、世界で「イギリス」と呼んでいるのは日本だけ。世界での略称は「ＵＫ」。

＊北海油田
埋蔵量はヨーロッパ最大。

スコットランドはどこにある？

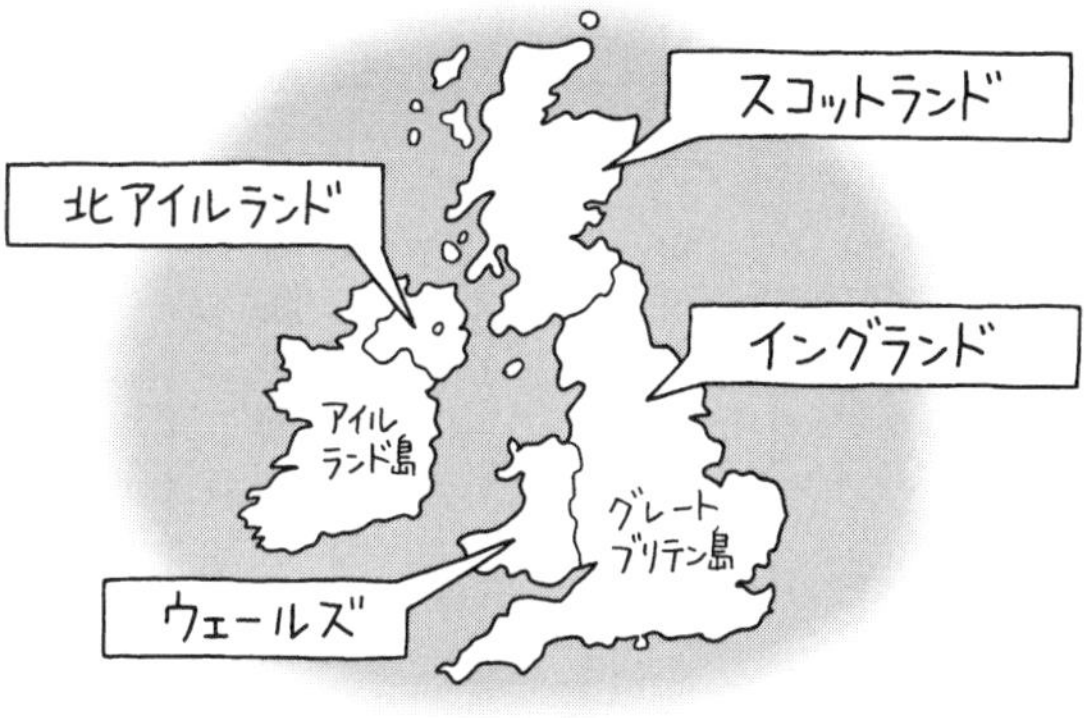

独立賛成派の急増にキャメロン首相は大あわて！

イギリス政府とスコットランド政府は2012年、住民投票の実施で合意。当初は反対派が優勢だったが、徐々に賛成派が盛り返し、投票前の世論調査では逆転した。*たかをくくっていたデービッド・キャメロン首相は*大あわて。スコットランドの自治拡大を約束するなど、賛成派の慰留に努めた。

住民投票の結果、約10ポイント差で反対派が辛くも勝利。一方、賛成派も負けたとはいえ、一層の自治拡大を得られることになったので、それなりの収穫はあったといえる。

しかし、利権をイギリス政府に握られ、スコットランドでは不満がたまっていった。

＊スコットランド民族党
2011年のスコットランド議会選挙では、住民投票の実施を公約とし、過半数の議席を獲得。

＊たかをくくっていた
当初は賛成派が3割程度だったことから、キャメロン首相が甘く見たといわれる。

＊大あわて
スコットランドを失えば、イギリスの国際的な信用はがた落ちで、金融市場も大混乱に陥るはず。また、核ミサイルを搭載した原子力潜水艦の基地もスコットランドにあり、その移転問題も生じる。ほかにも問題は数多く、絶対に避けなければならなかった。

イギリス、ＥＵ離脱へ

2016年

ＥＵにがんじがらめという不満、東欧からの移民に対する不安が、イギリスをＥＵ離脱に走らせた！

国民投票で離脱派が勝利！現地の日本企業に衝撃走る

２０１６年６月23日、ＥＵは誕生以来、最大級の激震に襲われた。イギリスでＥＵ離脱の賛否を問う国民投票が行われ、離脱派が勝利したのだ。この結果、イギリスはＥＵを離脱*することが確実となった。

「ＥＵ第2の経済大国」の選択は、世界経済にも大きな衝撃を与えた。一時は１ドル＝１００円を突破するなど、国際金融市場は大混乱。また、あの「リーマン・ショック」のような世界的な経済危機が訪れるのか……と国際社会は身を固くした。

激しく動揺したのは日本も例外ではない。イギリスに進出している日本企業は１０００社以上にのぼるのだ。イギリスがＥＵの一員でなくなれば、ＥＵ域内のビジネスで、不利益*なことがたくさん出てくるだろう。

また、日本は現在、ＥＵと経済連携協定（ＥＰＡ）の交渉に入っている。

＊ＥＵを離脱 イギリスは今後、ＥＵに離脱の意志を通知。最大2年かけて、離脱に向けての交渉を行うことになる。

＊不利益 イギリスの拠点工場からＥＵ域内に輸出する場合、関税がかかる恐れがある。

２０１６年中の合意を目指しているが、今回の動きによって、新たな対応が求められることになった。

ＥＵの前身「ＥＣ」に対しても、残留・離脱の国民投票実施

イギリス国民はなぜ、ＥＵ離脱を望んだのか？　その心情を理解するには、この国の本質を知る必要がある。イギリスはヨーロッパ統合の動きとは、常*に一定の距離を置いてきたのだ。

ＥＵの前身「ヨーロッパ共同体（ＥＣ）」に参加したのは１９７３年。早くもその２年後、ＥＣ残留の賛否を問う国民投票が実施された。このときは残留賛成派が67％と多数を占め、離脱

＊常に一定の距離
「大英帝国」の盟主であるというプライド、ヨーロッパ各国よりも深いアメリカとの関係、自国のポンドの価値に対する自信、ヨーロッパ統合の動きに政治的に組み込まれることに対する嫌悪感、などが理由と見られている。

はしなかった。注目すべきなのは、これほど早い時期から、国民の相当数が独自の道を歩むことを望んでいた事実。これがイギリスという国だ。

　１９９３年、ＥＣはＥＵに進化し、２００２年から本格的にユーロを導入した。だが、イギリスは自国の通貨、ポンドのみを使い続けた。ＥＵの一員でありながら、ＥＵに対する不満は消えない。その思いが、今回の国民投票で爆発してしまった。

残留派と離脱派の言い分が真っ向から対立！

　残留派の代表、保守党のキャメロン首相が国民投票の実施を宣言したのは２０１３年１月。当時、反ＥＵのイギリス独立党が支持を伸ばし、保守党内でもＥＵ離脱を主張する声が出ていた。こうしたなか、キャメロン首相は、国民投票で残留支持の結果が出ることによって、反ＥＵの声を抑えようとした。危険な賭けだが、キャメロン首相は「勝てる」と踏んでいた。

　国民選挙に向けて、残留派は声を大にした。ＥＵにとどまることで、イギリスはより強く、安全で豊かになる。残留してもＥＵの言いなりにはならない。移民*に対しては、社会保障費を制限することで流入は防げる——。

　一方、同じ保守党のボリス・ジョンソン*前ロンドン市長に代表される離脱

＊移民
EUが拡大した結果、近年、ポーランドやルーマニアなどの東ヨーロッパの国々からの労働者が急増。2015年は過去最大の33万人を記録した。こうした移民によってイギリス人が雇用を奪われ、社会保障費も圧迫されていると、不満が高まっている。

＊ボリス・ジョンソン
元ジャーナリストで、キャメロン首相の学生時代からのライバル。2016年7月に発足したテリーザ・メイ新政権の外務大臣に就任した。

派も負けてはいない。離脱すると、がんじがらめの規制から抜け出せる。EUに対する毎週3億5000万ポンド（530億円余り）もの巨額の負担を国内の財源に回せる。移民の流入を防ぐには離脱しかない——。

どちらの言い分が正しいのか？　イギリスは真っ二つに割れた。

イギリスは前途多難、EUも「ドミノ倒し」を警戒

国民投票の結果*は離脱支持が51・9％となり、離脱派が僅差で勝利を収めた。急増する移民に対する不満や不安、この誇り高いイギリスがEUの規則に縛られているという苛立ち。こうした世論を、キャメロン首相は完全に見誤った*。

「経済協力開発機構（OECD）*」の試算によると、イギリスはEUを離脱することによって、2020年までにGDPが3％、最悪の場合は2030年までに7・5％以上落ち込むという。日本を含む国際社会は、イギリスからまったく目が離せなくなった

当然、今後のEUの動きにも注目しなければならない。この投票結果を受けて、各加盟国のなかで、反EUを掲げる民族主義的な右派勢力が勢いづくのは間違いない。イギリスに続く離脱が起こると、EUはさらなる危機に陥ってしまう……。

＊国民投票の結果
スコットランドと北アイルランドは残留支持が大半で、イングランドとウエールズは離脱支持が過半数という結果になった。離脱支持は高齢者や労働者階級、残留支持は若者や都市部のビジネスマンに多かった。

＊キャメロン首相は完全に見誤った
国民投票の結果を見て、キャメロン首相は辞任。「氷の女王」という異名を持つ、テリーザ・メイ内務大臣が新首相に就任した。

＊経済協力開発機構（OECD）
ヨーロッパ諸国を中心に日本も参加する国際機関。

フランスで極右政党躍進

2015年

「反移民」の極右政党が大躍進寸前に！
左派連合が必死で阻止したが、
次は党首が大統領の座を狙うのか!?

選挙の前半戦で、何と極右政党が第一党に！

130人が犠牲になったパリ同時多発テロ*の翌月、フランスで地域圏議会選挙*が行われた。2015年12月6日の第1回投票では、大方の予想を裏切って、反EU、移民排斥を掲げる極右政党の「国民戦線」が大躍進。フランス全土13州のうち、6州の得票率でトップに立った。

この結果を見て、フランソワ・オランド*大統領が所属する社会党の左派連合は、「極右には絶対に勝たせてはいけない」と強く警戒。反極右票を分散させないため、第1回投票で劣勢だった州では、第2回投票での候補者擁立を取りやめ。ニコラ・サルコジ*前大統領が率いる共和党の右派連合をフォローするという、苦渋の決断をした。

この異例の選挙協力に加え、想像以上の極右の躍進に国民が不安になったのか、第2回投票では国民戦線の票は伸びず、すべての州で敗北した。

＊パリ同時多発テロ
→P56

＊地域圏議会選挙
2回投票制の比例代表方式。第1回投票で過半数を獲得する政党がなかった場合、10％以上の票を獲得した党が第2回投票に進む。

＊フランソワ・オランド
社会党第一書記などを経て、2012年、サルコジ大統領との決選投票に勝利し、第24代フランス大統領に就任。

＊ニコラ・サルコジ
ユダヤ系のハンガリー移民二世。2007年に第

党首は大統領選も視野に…どうなる？ 自由の国、フランス

国民戦線は1970年代、マリーヌ・ルペン党首の父*が創設したが、表舞台に出ることはなかった。しかし、2011年に娘が党首に就いてから、以前のような人種差別的なスローガンを控え、雇用対策も訴えるなど、ソフト路線に変更。市民の支持を少しずつ得てきた。そして、この選挙では「反移民」を掲げ、移民による治安や雇用の不安を抱える人々に強く支持された。

ルペン党首は2017年の大統領選も視野に入れている。〝優しい極右〟という相反する不思議な方向性で……。

23代大統領に就任し、2012年まで務めた。

＊父
ジャン＝マリー・ルペン。国民戦線の創始者で前党首、現名誉党首。反ユダヤ的な言動で知られ、国民戦線に批判的な歌手にナチスのガス室を思わせる言葉をぶつけたこともある。娘の取ったソフト路線に強く反発し、父娘バトルになった。

シリア難民

2015年〜

**シリア内戦で難民が爆発的に発生！
平和と仕事を求めて、
年間１００万人超がドイツを目指した。**

いまもシリアには平和が訪れる兆しはない。世界で最も複雑な様相になったこの国が、２０１５年に新たな大問題の発生源になった。内戦によって住む場所を追われた人々が、大挙、ヨーロッパを目指すようになったのだ。

ヨーロッパが２０１４年に受け入れた難民は20万人余りだったが、１５年には激増。約5倍も増えて、１００万人を軽く超えてしまった。その難民の大半がシリアから必死の思いで飛び出してきた人々だ。

２０１５年、ヨーロッパに１００万人以上が流入！

中東のシリアでは２０１１年、独裁政権を打ち倒そうと民衆が立ち上がった。しかし、政権側の武力弾圧により、内戦*になってしまう。その混乱に乗じて、隣国イラクから侵入してきたのが「イスラム国」*（ＩＳ）だ。ＩＳはシリアで勢力を伸ばし、２０１４年6月にはシリアとイラクにまたがる地域を「イスラム国」だと勝手に宣言した。

＊シリア内戦 ↓P52

＊イスラム国（ＩＳ） ↓P36

ボートにすし詰め状態で地中海を渡ろうとするが…

シリア難民は当初、周辺国のトルコやレバノン、ヨルダンなどに避難していた。けれども、泥沼化する内戦により、国を出る者は増えるばかり。難民キャンプは満杯状態になって、入るのが難しくなった。仕方なく公園などにテントを張って寝泊まりするが、これでは仕事が見つからず、子どもは学校に通えない。

そこで、難民が目をつけたのがヨーロッパだ。なかでも、労働力不足などの理由から、難民受け入れに積極的なドイツは魅力的に見えた。とはいえ、シリアからドイツまでは遠い。どういったルートで向かえばいいのか？

まず、多くの難民たちが選んだのが、北アフリカのリビアから船で地中海を横断し、イタリアに向かうコースだ。要するに密航だが、リビアはシリアと同じで国内が内戦状態にあり、政府は港の管理にまで手が回らない。

難民は密航請負組織に法外な金を支払い、小さなボートにすし詰めにされてイタリアを目指す。これで事故が起きないわけがない。２０１５年春には転覆事故が相次ぎ、一度に何百人もの死者が出たことも……。これは大変な事態になったと、ＥＵは緊急首脳会議を開き、対応に頭を悩ませた。

ギリシャに渡って、陸路を北上する難民が急増

2015年の夏が近づくと、移民がヨーロッパを目指すルートに変化が起きた。まずトルコに進み、エーゲ海を渡ってギリシャに入り、そこからはバルカン半島を陸路で北上していくようになった。これなら、地中海横断ルートと比べて、ずっと安全性が高い。

このルートを使う難民はどんどん増える。あまりの数の多さに、ギリシャをはじめ、バルカン半島の諸国はお手上げ状態になって、規制することができない。難民は事実上、陸路を自由に*移動するようになった。

セルビアまで行けば、その先はハンガリー、オーストリア、そしてドイツ。これらの国々は自由な移動を保証する「シェンゲン協定*」の加盟国なので、難民たちもひと安心……。だと思っていたら、ハンガリーが国境を封鎖。難民が国内に入るのを拒否した。

スロバキアなどの東ヨーロッパ諸国も難民受け入れに反発し、ヨーロッパは大揺れになった。

ドイツのメルケル首相はあくまでも受け入れを宣言！

ドイツの立場も難しい。アンゲラ・メルケル首相は2015年9月、難民の寛大な受け入れを表明。ドイツには

＊陸路を自由に移動
EUとトルコは2016年3月、ギリシャに入った違法な難民をトルコに強制送還することで合意した。その見返りとして、EUはトルコに多額の資金援助を行う。この取り決めにより、再びリビアから渡航する難民が増えている。

＊シェンゲン協定
協定に参加した国々の領域は、外国人の短期滞在者も含めて、パスポートなしで移動できる。

移民が使うルートは？

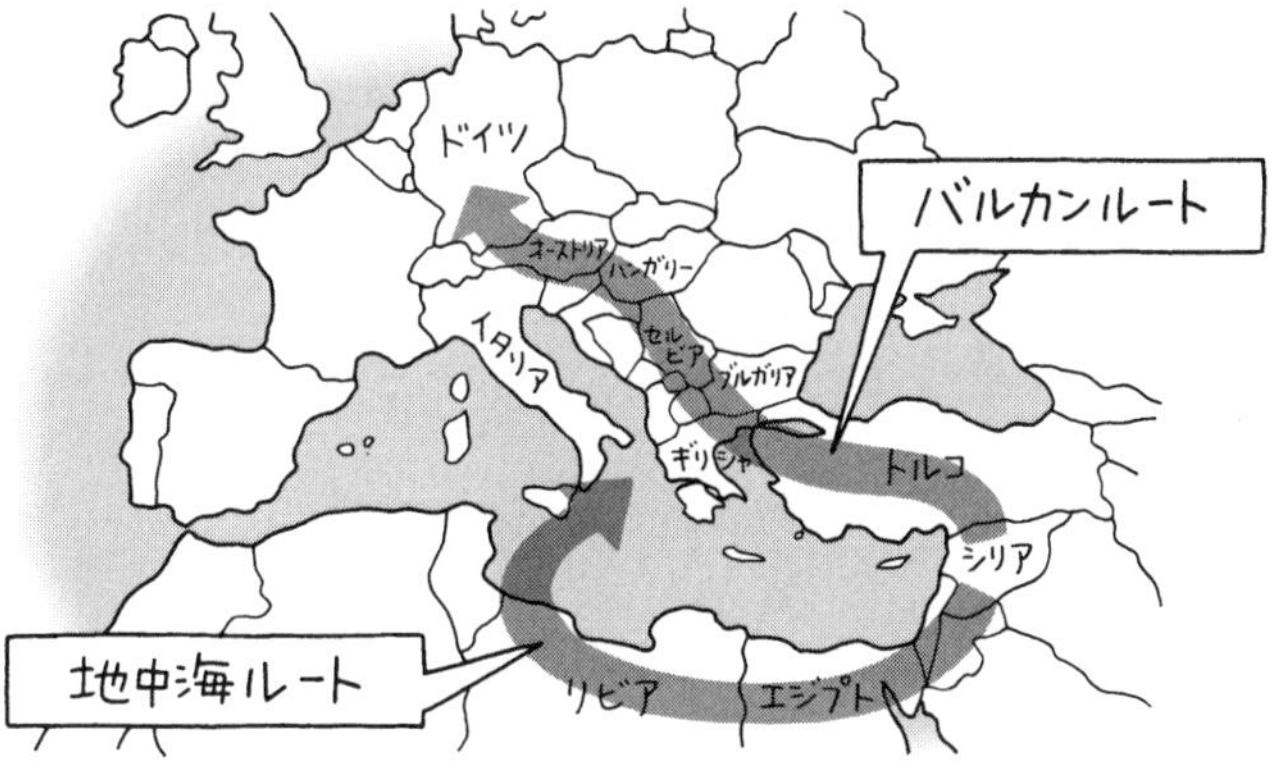

2015年、110万人に及ぶ難民が殺到した。この状況に、国内から受け入れ制限を求める声があがる。

そんななか、ドイツ国内で難民による女性暴行事件や無差別殺傷事件が発生してしまう。難民受け入れに反発する声が一層高まるが、メルケル首相は2016年7月、「私たちの歴史的使命」であると、*受け入れを継続する考えを示した。

最後に、日本は難民にどう対応しているのか。以前から消極的な対応を取り続けているが、2016年5月、シリア難民の若者を*留学生として受け入れることを決定。ようやく一歩を踏み出した。

＊受け入れを継続
「人道上の務めを果たすと決意した以上、人道的支援を拒むことはしたくない」とメルケル首相は記者会見で述べた。

＊留学生
2017年から5年間で最大150人を受け入れる。初年はヨルダンやレバノンにいるシリア難民が対象となる見通しだ。2016年5月に行われた「伊勢志摩サミット」で、難民対策が主要議題になったことから、急きょ決めたようだ。

EU【年表】

1993年	11月	EU設立。
1999年	1月	EU、ユーロ導入。
2002年	1月	EU加盟国内でユーロの流通開始。
2009年	10月	ギリシャの粉飾財政、明るみに。
2010年	5月	EU、ギリシャに1100億ユーロの支援。
2012年	2月	EU、ギリシャに1300億ユーロの支援。
2013年	1月	イギリスのキャメロン首相がEU離脱を問う国民投票実施を約束。
2014年	9月	スコットランドで独立を問う国民投票。反対が多数占める。
2015年	春	ヨーロッパに難民の流入急増。
	6月	ギリシャ、初の債務不履行の国に。
	7月	ギリシャ国民投票で緊縮策反対が多数占める。
	9月	ドイツのメルケル首相、難民の寛大な受け入れ表明。
	12月	フランスで極右政党「国民戦線」が大躍進寸前に。
2016年	6月	イギリスでEU離脱を問う国民投票。離脱が多数占める。

第2章

世界を震撼させるIS

国境も国の歴史も無視して、
いきなり、「国家」樹立を宣言したIS。
あのアルカイダも嫌う残虐性を武器に、
史上最大のイスラム過激派勢力になった。
世界はISのどす黒い原理主義に
呑み込まれてしまうのか!?

イスラム国〈IS〉の誕生

2014年

シリアとイラクで一気に勢力拡大。アルカイダも制御できない超過激派が、「国家」宣言し、「カリフ制」も復活！

イラク戦争中に生まれた過激派集団がルーツ

まさか、イスラム過激派が「国家」の樹立を宣言するなんて……。「イスラム国」（IS）が紛争の表舞台に登場するまで、そんなことはまったく考えられなかった。

近年、国際社会から最も警戒されているイスラム過激派の母体は、イラク戦争がまだ終わっていない時代のイラクに生まれた。当初は国際テロ組織「アルカイダ」*に関連した組織の一つで、最高指導者のオサマ・ビン・ラディン*に忠誠を誓っていた。

ISはアメリカを激しく敵視し、イラクで連続爆破テロや自爆テロを繰り返す。しかし、アメリカ軍の激しい掃討を受けて、勢力をなかなか拡大できなかった。2011年12月、その憎っくきアメリカ軍がイラクから撤退。ISは最高指導者、アブ・バクル・アル・バグダディ*のもと、徐々に勢いを増していく。

＊アルカイダ
2001年9月11日に「アメリカ同時多発テロ事件」を引き起こした。→P108

＊オサマ・ビン・ラディン
1950年代、サウジアラビアの財閥の家に生まれる。アフガニスタンにソ連が侵攻した際、義勇兵として参加。その後、反米主義となってアルカイダを組織し、莫大な資産をテロ活動に使った。2011年5月、潜伏先のパキスタンでアメリカ軍に殺害される。

内戦中のシリアに侵入、勢力をどんどん広げる！

ISが勢力を一気に拡大したきっかけは、2011年に中東で湧き起こった民主化運動「アラブの春」*だ。この波に乗って、イラクの隣国、シリア*でも民主化運動が起こる。だが、アサド大統領が率いる独裁政権を倒せず、内戦状態になってしまう。この混乱に乗じて、ISはシリアに侵入する。

ISは初め、同じスンニ派*の反体制派勢力「自由シリア軍」（FSA）などと一緒に政府軍と戦っていた。ところが、途中であっと驚く方向転換をする。味方であるはずの反体制派勢力を攻撃するようになり、その支配地を力ずくで奪っていったのだ。

さらに、敵対する勢力や地方の部族を降伏させると、自分たちの組織に引きずり込む。他のイスラム過激派にはない強引なやり方によって、実効支配する地域を広げていった。

ISがイラクとシリアで勢力を伸ばすうちに、アルカイダとの関係も変わっていく。ISがあまりにも簡単に人を殺し過ぎるので、アルカイダも眉をひそめるようになったのだ。同じイスラム教徒には残虐なことはやめよ、とアルカイダは注意したが、ISは従わなかった。

決定的な亀裂は2013年4月、I

＊アブ・バクル・アル・バグダディ
1971年生まれのイラク人。「預言者ムハンマドの子孫」を自称するが、IS以外のイスラム教徒は信じていない。

＊アラブの春
↓P46

＊シリア内戦
↓P52

＊スンニ派
イスラム教は多数派のスンニ派、少数派のシーア派に大別される。サウジアラビアほか、中東の多くの国がスンニ派で、シーア派はイランとイラクが代表。

Sがシリアで活動する別のイスラム過激派「ヌスラ戦線*」に対して、「吸収・統合する」と一方的に宣言したことから起こった。ヌスラ戦線はこれを拒否。〝元締め〟的な立場であるアルカイダが仲裁に乗り出した。

アルカイダが下した裁定は、ISの活動をイラクに、ヌスラ戦線はシリアに限定するというもの。せっかくシリアで勢力を伸ばしたのに、ふざけたことを言うなとISは激怒。裁定を無視し、ヌスラ戦線と戦闘を起こす。アルカイダはこの戦いをやめさせようとしたが、ISは聞く耳を持たない。結局、アルカイダはISを制御することができず、最後には絶縁宣言*をした。

イラクに戻って大侵攻！「イスラム国」樹立を宣言！

シリアで勢力を拡大し、武器を大量に手に入れたIS。次の標的は元々の拠点、イラクだった。

2014年1月、イラク西部が不安定な状況*になったのを確認し、強大になったISは侵攻を開始。都市を次々に占領しつつ、首都バクダッドにあと100㎞のところまで迫る。そこから方向を北に変えて侵攻し、イラク第2の都市、モスルを含めた北部の広い地域を支配下に置いた。

そして、2014年6月29日、イラクとシリアにまたがる広大な地域に

＊ヌスラ戦線
→P54

＊絶縁宣言
アルカイダは2014年2月、ISとの関係断絶を表明。これに対して、ISも「ISはもはやアルカイダの支部ではない」と表明し絶縁宣言を返した。

＊イラク西部が不安定な状況
シーア派の政府に不満を抱くスンニ派住民と治安部隊が衝突した。

「イスラム国」って、どこのこと？

「イスラム国」の樹立を宣言した。最高指導者のバグダディが「カリフ」*に就任したことも発表。「全世界のイスラム教徒はこのカリフに忠誠を誓え」とISは大胆にも命じた。

いったんはイラクから撤退したアメリカも、もう黙って見てはいられない。ISを弱体化させ、最後には壊滅させることを目指して、2014年8月、イギリスやフランスと有志連合を結成し、イラクとシリアで空爆を始めた。

しかし、ISの拠点には地域住民も暮らしているため、的確に攻撃するのは容易ではない。空爆参加国での報復テロの問題もからみ、国際社会は難しい対応を迫られている。

＊カリフ
イスラム教の開祖、ムハンマドの後継者であることを意味する称号。1922年、オスマン帝国が滅亡して以来、カリフはいない。カリフを復活させたことは、イスラム教の世界ではじつに衝撃的な出来事なのだ。

イスラム国〈IS〉の特徴

銀行・油田を強奪して資金調達し、ネットで外国人戦闘員を勧誘。目指すはイスラム原理主義の大帝国！

食料などを配給する一方、住民を厳しい監視下に！

ISはさまざまな面で、これまでのイスラム過激派組織とは一線を画する厄介な存在だ。まず、現在ある国境を無視して、自分たちが線引きする「国家」を作ろうとしているのが大きな特徴といえる。では、〝国〟のなかでは、何が起こっているのだろうか？

伝わってくる情報は少ないが、必ずしも悪いことばかりではないようだ。紛争で破壊された道路の補修や、以前よりも手厚い電力供給や食料配給などが行われているといわれる。

その一方で、宗教警察が市街地を巡回し、住民は厳しい監視下に置かれているようだ。また、『コーラン』の極端な解釈を住民に強いており、喫煙や飲酒程度の〝罪〟で、銃殺や斬首などで公開処刑*していると伝わる。一応、住民に「アメ」は与えるものの、「ムチ」を振るうことのほうがはるかに多いといえそうだ。

＊公開処刑
サッカーのアジアカップを観戦した若者が、「イスラム法に反する」として公開処刑された例もあるようだ。

資金源は銀行からの強奪金、原油の密輸、身代金…

「国家」を作るというのであれば、莫大な資金が必要となる。ISの資金源は何なのか？　一つは強奪した現金だ。イラク第2の都市、モスルを占領した際に銀行も制圧し、金庫から4億ドル以上を奪ったという。

占領した地域には油田も多く、ISはこれらも支配下に置いた。採掘された原油を密輸し、最盛期には1日約200万ドルを稼いだのではないか、ともみられている。

卑劣な手段で得る身代金*も大きな資金源になっている。人質とされるのは

＊身代金
1977年、日本赤軍グループに日航機がハイジャックされた「ダッカ事件」で、日本は600万ドルの身代金を支払った。当時の福田赳夫首相は「人の命は地球よりも重い」と述べたが、収監中のテロリストも併せて釈放したため、国際社会から非難された。

日本を含む敵対する国のジャーナリストなど。日本はＩＳの要求を呑まなかったが、いくつかの国は身代金を支払っている*といわれる。

ネットを効果的に使って、世界中から戦闘員を募集

ＩＳは宣伝活動も効果的に行っている。最大の特色は、時代に合わせてインターネットを駆使していることだ。高度なデジタル技術によるＣＧを多用し、音楽を効果的に使った動画を制作。若者が見て〝カッコいい〟と思うものに仕上がっている。

ネットの有効利用として、オンライン上で機関誌の配信も行っている。しかも、英語をはじめ、多言語で翻訳されているので、多くの国の人間がＩＳの思想や活動内容を知ることができる。

こうした巧みな情報発信により、中東地域以外からも多数の戦闘員を集めてきた。さらに、近年はネット上での呼びかけに触発され、若者が自国でテロ事件を起こすケースが急増。この動きに対応するのは難しく、各国とも頭を悩ませている。

加えて、ＩＳの宣伝活動で特筆されるのは、発信される情報のなかに、目を背けるような画像や映像が多いことだ。残虐性をあえて強調することによって、敵対する組織の戦意喪失を狙っているといわれる。実際、イラク軍の

＊身代金を支払っている
国連安全保障理事会で、テロ組織に身代金は支払わないことが決議されている。しかし、２０１４年末の安保理の報告によると、ＩＳはその時点までに３５００万から４５００万ドルの身代金を手にしているとした。アメリカとイギリスは支払いを拒否しているが、フランスやドイツは裏で支払っているといわれる。

中央アジアから北アフリカ、ヨーロッパまで！
ISが描く最終的な領土

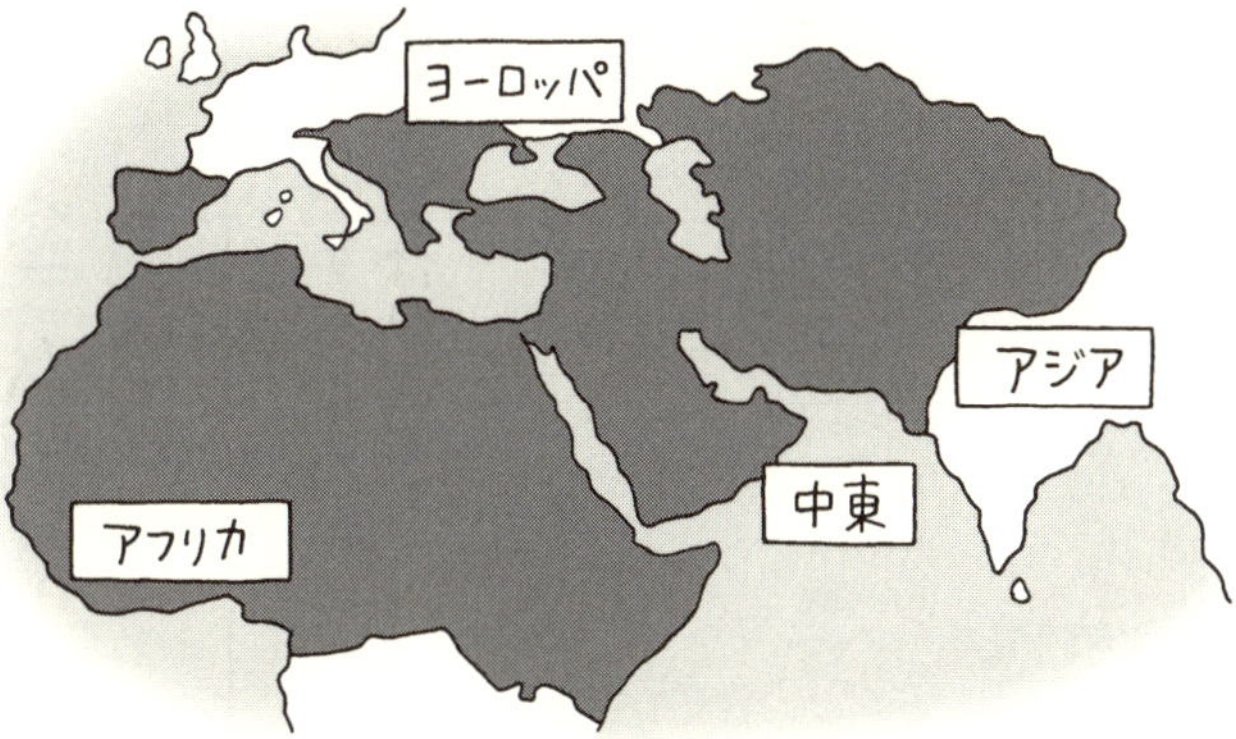

兵士はISが攻めてきたとき、武器を放って逃げ出したようだ……。

戦闘員は2～3万人、最新兵器も数多く入手！

史上最大のテロ組織になったIS。3000人以上の外国人戦闘員を含めて、2万人から3万人の戦力を有していると見られている。イラク軍から奪った戦車などの最新兵器も多く持つ。しかも、戦闘員に旧フセイン政権の軍関係者が多いといわれ、戦略に基づく組織的な戦闘もできると思われる。

ISの目標は、中東以外にも勢力を拡大させること。目指す最終領土は、オスマン帝国の最大領土よりも広大だ。

イスラム国〈IS〉と日本

日本の「難民支援」2億ドルが、「ISとの戦争支援」と受け止められ、日本は「十字軍」の一員と認定された！

「十字軍」とは11世紀から13世紀にかけて、キリスト教徒がイスラム教徒からエルサレムを奪還しようと、一方的に侵攻したことをいう。このとき、十字軍はイスラム教徒の一般市民を虐殺したり、捕虜を殺したりと、随分ひどいことをした。

つまり、ISのいう「十字軍」イコール「我々の仇敵《きゅうてき》」ということだ。しかし、日本は中東から遠く離れ、「キリスト教徒VSイスラム教徒」の構図の外にいる。日本でイスラム教徒が迫害

「私は日本人です」の訴えがダッカのテロでは裏目に…

２０１６年7月1日、バングラデシュの首都ダッカで、外国人に人気のレストランが襲撃された。このとき、日本人男性が「私は日本人です。撃たないで！」と叫んだと言う。しかし、その声はテロリストに聞き入れられず、*日本人7人を含む20人が殺害された。

この事件後、ISは「十字軍諸国の国民を襲撃した」と犯行声明を出した。

＊日本人7人
2013年、日本人10人が犠牲になったアルジェリアの人質事件に匹敵する悲惨なテロ事件となった。

されているわけでもない。有志連合によるＩＳ支配地への空爆にも参加していない。なぜ、ＩＳに「十字軍」と認定されたのか？

日本は戦争を仕掛けてきた！「大使館を狙え！」とＩＳが指示

話は２０１５年１月に遡る。中東を歴訪中の安倍晋三首相が「ＩＳと戦う諸国に2億ドルの支援をする」と言った。これはあくまでも難民支援が目的だが、イスラム教世界のメディアは「日本はＩＳとの戦争を支援する」と報道した。ＩＳの受け止め方も同じだった。

この演説の直後、ＩＳが日本人２名を拘束していることを明らかにし、解放条件として2億ドルを要求。映像に登場した覆面のＩＳ戦闘員は、ナイフをかざしながら、「日本は我々に戦争を仕掛けてきた」と言った。解放に向けた交渉はうまくいかず、事態は最悪*の結末を迎えた。

ＩＳは２０１５年9月、ネットに配信した機関誌で、「十字軍連合」を列挙。60数か国あるなかに、日本も含まれていた。

戦闘員に対して、「インドネシアやマレーシアなどにある日本の在外公館*を狙え」と具体的なテロの指示も発令。外務省はすべての在外公館で警備を強化するよう通達した。

＊最悪の結末
2名とも殺害された。殺害後、ＩＳは「日本人は世界中どこにいても標的となる」と宣言した。

＊在外公館
日本を代表して、外国と外交を行うための拠点。大使館、総領事館、政府代表部がある。

アラブの春

2010年〜

民衆パワーで、独裁政権の崩壊へ！
民主化の波が周辺諸国に広がったが、
ＩＳが勢力を伸ばす要因にもなった。

抗議の焼身自殺が怒りの民衆革命を呼んだ！

リビアでは約40年、エジプトでは約30年、チュニジアでは約20年。多くのアラブ諸国では、長期間にわたって独裁政権が国を支配していた。その状況を変えた事件は、２０１０年12月17日に起こった。チュニジアの青年が路上で野菜を売っていたところ、警察官の*不当な取り締まりを受け、抗議のため*焼身自殺をしたのだ。

その様子を撮影した画像が*インターネットで広まり、怒った若者たちが政府に対してデモを起こした。政府は外出禁止令などで事態を治めようとしたが、デモの様子はＳＮＳを通じて発信され、収拾がつかなくなる。

さらに、外部告発サイトの「ウィキリークス」に政権の腐敗ぶりが書きこまれ、国民の怒りはヒートアップ。２０１１年1月14日、ついに*ベン・アリ大統領はサウジアラビアに亡命。同年10月に選挙が行われ、イスラム政党が

＊不当な取り締まり
青年は商売道具を没収されてしまう。賄賂を渡せば見逃してもらえたのだが、青年は良しとせず、役所に抗議に行く。だが、まったく相手にされなかった。

＊焼身自殺
イスラム教では固く禁じられているため、人々に大きな衝撃を与えた。

＊インターネットで広まり
チュニジアでは教育に力を入れており、大学までの学費は無料。インターネット普及率も高かったのが、民衆蜂起では仇になった。

「アラブの春」はどの国で起こった？

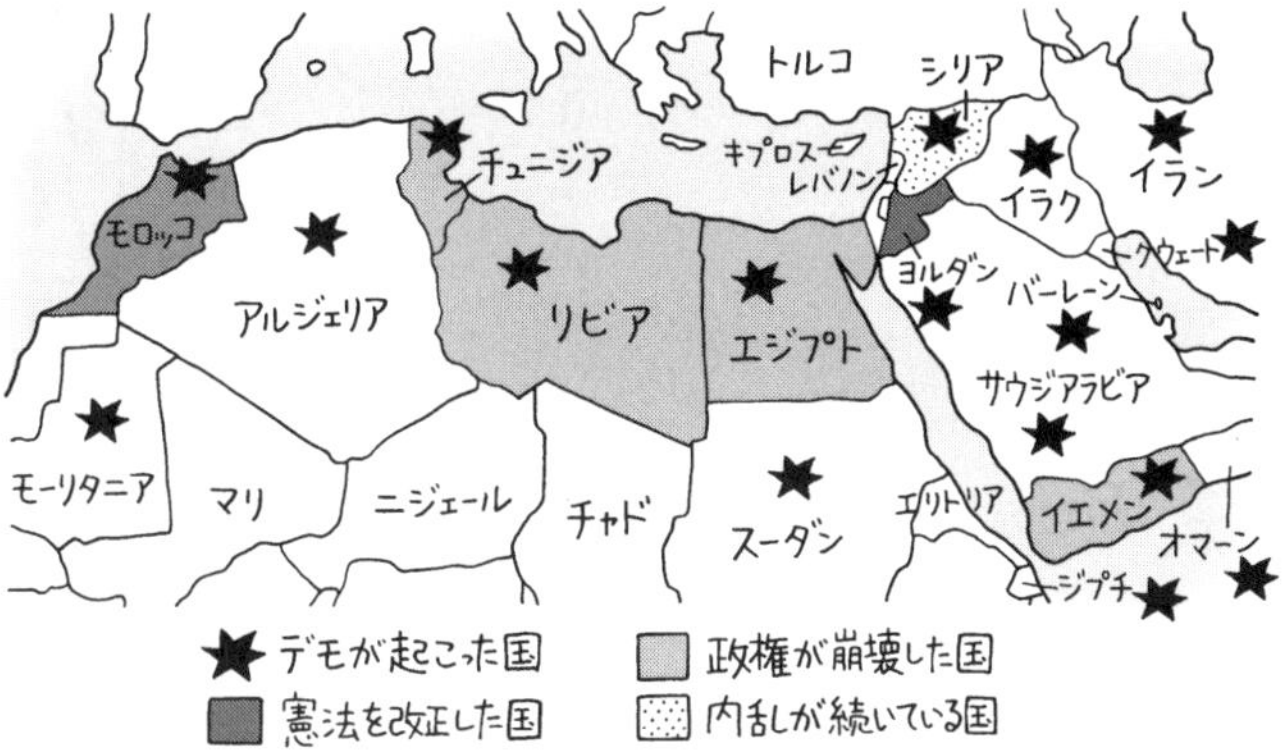

第一党となり、12月には民主化を約束する新政権が生まれた。

エジプトでも、シリアでも、民衆が立ち上がる！

この民衆蜂起による革命を「ジャスミン革命」*という。独裁政権を民衆の力によって倒したことは、周辺アラブ諸国の人々を奮い立たせた。

中東やアフリカ北部の国々で民主化デモが活発化し、エジプトやリビアなどではいったん独裁政権が崩壊*。一連の民衆蜂起を「アラブの春」と呼んでいる。だが、この一大ムーブメントがなければ、「イスラム国」の〝建国〟はなかったかもしれない……。

＊ベン・アリ　軍出身で、1987年にチュニジア大統領に就任。23年間にわたって独裁政権を続けた。この間、一族で不正を極める一方、貧富の差は広がり、失業率は14％以上にのぼった。

＊ジャスミン革命　ジャスミンはチュニジアを代表する花。

＊いったん独裁政権が崩壊　完全に民主化が成功したのはチュニジアだけだった。

2011年

ムバラク政権崩壊

「アラブの春」の波に乗って、
独裁政権を倒せ！と民衆が立ち上がる。
「現代のファラオ」がついに倒れた！

30年間にわたって君臨。アメリカやヨーロッパと連携を取り、イスラム教世界の国でありながら、イラク戦争の際には多国籍軍にも参加した。

政治家としての手腕を評価する声がある一方、与党に有利な政策を強行。国民の経済格差がどんどん広がり、若者の失業率は20％を超えた。しかも、役人は汚職にまみれており、国民の不満がどんどんたまっていった。

そんななか、同じ独裁政権の国であるチュニジアで民衆蜂起の革命が起こ

チュニジアに続き、エジプトにも「春」を呼べ！

２０１０年末に起こった「ジャスミン革命」は、北アフリカの大国エジプトに飛び火した。

エジプトを長く支配してきたのは、軍出身のホスニー・ムバラク大統領だ。１９８１年、サダト前大統領の暗殺後に国のトップになり、自らに権力を集中させて「現代のファラオ」*と呼ばれるまでになった。アラブの盟主として、

＊現代のファラオ
「ファラオ」は古代エジプトの王の称号。

る。「おれたちにもできる！」とエジプト国民が思ったのも当然だった。

ネットでデモの参加を募集、民衆パワーで追い詰める！

エジプトでの民衆蜂起でも、大きな役割を果たしたのはインターネットだ。若者グループが2011年1月、民主化を要求するデモを計画し、ネットを通じて呼びかけた。この情報発信によって、デモ参加者が膨れ上がる。首都カイロをはじめとする大都市で、計1万5000人が参加する大規模なデモが行われた。

人々の民主化を求めるパワーは凄まじかったが、ムバラク大統領はしぶとく延命を図ろうとする。全閣僚を解任して内閣を一新、経済改革も約束し、次期大統領選には出馬しないとも発表。しかし、人々はムバラク大統領の退陣を迫り、デモは収まる気配がない。

この状況にいたって、ムバラク大統領を支援してきたアメリカが見限った。さらに、常に自身の背後で睨みをきかせてきた軍も、もはやこれまでと離れていった。万策尽きたムバラク大統領は辞任する。「アラブの春」がエジプトにも訪れた瞬間だった。

しかし、穏やかな春は長く続かなかった。2013年にはイスラム政権の大統領が軍のクーデターで排除されるなど、政情はなかなか安定しない。

カダフィ政権崩壊

2011年

超独裁政権に対して、民衆が蜂起。悪名高い「中東の狂犬」を倒したが、民主化は根づかず、無政府状態に…。

「中東の狂犬」打倒を目指し、民衆が立ち上がったが…

チュニジアと国境を接するリビアの民衆も、「ジャスミン革命」に大いに刺激された。だが、リビアを支配するのは「中東の狂犬」といわれるムアンマル・アル・カダフィ大佐。民衆パワーだけで退陣させることはできず、多くの血が流された。

カダフィ大佐がリビアの実権を握ったのは1969年。仲間の将校らとクーデターを起こし、王制を崩壊させ、「直接民主制」*という国家体制を築いた。しかし、憲法も制定されず、実質的にはカダフィ大佐の超独裁政権*だった。強硬な反米派でもあり、テロ組織に資金などを提供していたことから、国際社会より危険視されていた。

まさかのデモ隊への空爆！欧米も介入し、政権が崩壊

カダフィ大佐の退陣を目指し、2011年2月、民衆が大規模な反政府デ

＊直接民主制
議会制や政党政治を全否定。全国民の声を政治に反映させるとしたが、実態はカダフィ大佐が何でも決める超独裁国家になった。

＊超独裁政権
2009年に初めて国連総会に出席したときには、「国連安全保障理事会はテロ理事会」と演説中に言い放ち、最後には国連憲章を投げ捨てた。

モを起こした。軍もデモに同調し、外国人傭兵《ようへい》を含むカダフィ派と激しい戦闘になる。信じられないことに、カダフィ大佐はデモが収まらないと見るや、空爆で無差別虐殺を行った。

カダフィ大佐の常軌を逸したやり方に、政権側からも離反者が続出。欧米*諸国も介入し、カダフィ大佐は徐々に追い詰められていく。10月にはリビア全土が制圧され、カダフィ大佐は殺害された。

しかし、リビアはその後、民主化されなかった。*複数の武装勢力が激しく衝突し、事実上の無政府状態になっている。その混乱に乗じて、ＩＳも入り込んで、勢力を伸ばしているという。

＊欧米諸国も介入
米英仏の多国籍軍がカダフィ派に対して空爆。巡航ミサイルのトマホークなどが使われた。

＊複数の武装勢力
東部の世俗勢力と、西部のイスラム勢力が激しい主導権争いをしている。

シリア内戦

2011年〜

政府軍と反体制派の争いに、
ISや少数民族も加わって、
もう何が何だかわからない状況に！

現大統領のバッシャール・アル・アサド大統領はその次男で、2000年に国のトップの座を父から引き継いだ。アサド親子による独裁体制は、2世代45年にもわたることになる。

アサド一族はイスラム教シーア派の一派であるアラウィー派*。シリアでは少数派だが、軍を押さえた独裁体制によって、イスラム多数派であるスンニ派の国民を支配してきた。

とはいえ、スンニ派もずっとおとなしくしていたわけではない。1980

イスラム少数派の政権が多数派の人民を支配！

「アラブの春」の風は、中東のシリアにも吹き寄せた。しかし、この国を民主化するのはリビア以上に難しい。情勢は混迷を極め、現在、世界で最も危険な国の一つといわれている。

シリアで一党独裁体制が敷かれるようになったのは1971年。無血クーデターによって、ハーフェズ・アル・アサド氏が大統領に就任してからだ。

＊アラウィー派
シリアの人口の1割を占める。差別されないために軍人になる割合が高く、シリア軍の主流となった。アラウィー派のアサド政権が軍を掌握できるのはこれが理由だ。

年代初めには反政府活動が活発化。政権側はこれを無差別攻撃によって鎮圧し、市民を含む1万人以上の犠牲者を出した。

シリアは元々、国内にいつ暴発するかわからない問題を抱えていたわけだ。こうした複雑な事情のある国で、民主化運動が起こるとどうなるか……。

デモを武力で弾圧！反体制派も武器を取った

2011年3月、他のアラブ諸国と同じように、シリアでも民衆による反政府デモが起こる。これがいまにいたる混迷の始まりだった。

初めのうちだけは、アサド大統領も穏便に解決しようとしたが、民衆の反発はますます強まる。これを見て、アサド大統領は態度を一変。武力で激しく弾圧した。*

これに対して2011年夏からは、政府軍から離反した兵士が*「自由シリア軍」（FSA）を名乗って、政府軍に対抗するようになった。さらに2012年11月には、反体制派を代表する組織として「シリア国民連合」が発足した。

反体制派と政府側が激しく対立し、*シリアは完全な内戦状態になってしまった。激しい戦闘が繰り広げられるうちに、反体制派はシリア北部と東部を事実上支配する。一方、政府側は首都

＊武力で激しく弾圧
海軍が沖合から市街地に向けて砲撃も行い、国際社会から強く非難された。

＊政府軍から離反
市民への発砲命令を拒否し、軍から離反した。

＊反体制派と政府側が激しく対立
反体制派はアメリカ、ヨーロッパ諸国、反体制派と同じスンニ派の多いサウジアラビアとカタールなどが支援。政府側の背後にはイラン、ロシア、中国がいる。2011年10月、国連安全保障理事会がアサド政権の弾圧を非難する決議を採択しようとしたが、ロシアと中国の反対により採択されなかった。

ダマスカスに加えて、西部の地中海沿岸地域を押さえた。

イスラム過激派組織に加え、少数民族も絡んでより複雑に

シリア情勢を読むのが難しいのは、「政府側VS反体制派」という単純な構図では収まらないところだ。

混迷するシリアに割り込んできたのが「イスラム国」（ＩＳ）だ。２０１３年半ば以降、シリア国内の過激派を組み込みながら、シリア北部と東部の国境近辺で勢力を拡大させていった。

過激派組織ではアルカイダ系の「ヌスラ戦線」*にも注目しなければならない。２０１２年にシリアで結成され、シリア北西部や北部で勢力を伸ばしている。同じスンニ派でも、ＩＳとヌスラ戦線は敵対関係にあることが、状況を一層ややこしくさせている。

さらに、少数民族クルド人の動きがシリアの混迷に拍車をかける。内戦の混乱に乗じて、シリア北東部にあるクルド人居住地の多くを支配下に置いたのだ。シリアでの勢力争いは、あまりにもこんがらがってしまった……。

欧米とロシアがシリア空爆！しかし、その標的は…

アサド大統領に退陣を迫る欧米と、逆にアサド政権を支援するロシアの動きも、情勢を複雑にしている要因だ。

＊ヌスラ戦線
イラク戦争などで実践経験を積んだ戦闘員が多く、ゲリラ戦が得意だという。

アメリカと有志連合は2014年8月以来、シリア内のISの拠点に空爆*を行っている。しかし、戦闘員が市民のなかに紛れていることから、民間人の犠牲者も少なくない。

一方、ロシア*も2015年から半年近く、シリアを空爆。「ISが標的」と言っていたが、実際はアサド政権を援護するために反体制派の拠点もよく攻撃していた。

問題が次々に発生し、状況はますます複雑になっていく。死者の数は約50万人。2014年のシリア国民の平均寿命は、内戦前より20年以上も短くなったという。世界一危険な国からの出口は、まだ見えない。

＊空爆
地上部隊を使えば、さらにダメージを与えられるが、欧米は反アサド政権の立場なので、シリア軍に協力は求められない。

＊ロシアも空爆
↓P130

パリ同時多発テロ事件

2015年

フランスがISのテロの標的に！
しかも、実行犯は外国人ではなく、
犠牲者と同じフランス人だった！

フランス生まれの移民の子どもたちが実行犯！

イスラム過激派による大規模テロがパリで発生したのは２０１５年11月13日。武装グループは人気スポットを立て続けに襲撃した。国際親善試合が行われていたサッカー場*で自爆テロを起こし、レストランやバーで自動小銃を乱射。コンサート会場でも銃乱射後、観客を人質に一時立てこもった。

たった数分の時間差で発生したこの同時多発テロによる死亡者は１３０人。被害者の中に日本人はいなかったが、これは〝たまたま〟といえる。バングラデシュ*で飲食店が襲撃されたときのように、いつ、どこで、日本人が犠牲になっても不思議ではない。

フランスが大規模な同時多発テロの標的となった理由は何か。直接的な動機は、フランスがシリア領内のＩＳ支配地を空爆したことだろう。しかし、このテロの動機をそれだけで片づけることはできない。従来のテロは通常、

＊サッカー場で自爆テロ サッカーの試合はフランスのオランド大統領も観戦しており、テロに巻き込まれた可能性もあった。

＊バングラデシュで飲食店が襲撃 ↓P44

中東生まれの過激派が引き起こしていたが、今回の実行犯の大半は移民の子ども。フランス人がフランス国内で無差別テロを実行したのだ。

彼らは貧しくて治安の悪い地域で生まれ育ち、まともな教育を受けられず、安定した職に就くことができなかった。社会に対する不満がたまり、犯罪に手を染め、ついにはＩＳの過激な思想に洗脳されて、「聖戦」（ジハード）としてのテロ実行に走った――。

世界各地で増えているに違いない、こうした新しい形のテロリストたち。彼らの暴発を防ぐには、単なるテロ対策ではなく、貧困と格差の解消が求められている。

「フランス革命記念日」の夜、トラックの大暴走テロ！

２０１６年7月14日*、パリ同時多発テロ以来続く「非常事態宣言」下のフランスで、また新たな大規模テロが起こった。

事件の場所は、フランス南部の一大観光都市ニース。花火大会で賑わう大通りに大型トラックが突っ込み、観光客を巻き添えにしながら大暴走。少なくとも84人が死亡した。犯人はチュニジア出身の男。背後関係は不明だが、ＩＳが犯行声明を出した*。このテロを受けて、フランスは「非常事態宣言」をさらに続けると発表した。

＊7月14日
毎年7月14日は「フランス革命記念日」。この日を狙ったということは、フランスがテロの対象国であるという強いメッセージだと思われる。

＊ISが犯行声明
このテロを「新しい作戦」だと言い、「十字軍の国々はどんなに治安部隊を配置しても、イスラム戦士の襲撃から免れない」とした。

IS以前の世界のテロ

アルカイダ系のイスラム過激派が、ロンドンやインドの大都市で大規模なテロ事件を引き起こした！

G8サミットをあざ笑ったロンドン同時爆破テロ

9・11アメリカ同時多発テロ事件をはじめ、世界で起こったテロは「イスラム国」（IS）によるものばかりではない。ISの活動が盛んになる前は、ほかのイスラム過激派組織によるテロ事件が目立った。

ロンドン中心部で、「9・11」を連想させる同時爆破テロが発生したのは2005年7月7日。イギリス北部のスコットランドで「主要8か国首脳会議（G8サミット）」*を開催している最中に起こった。

朝のラッシュ時、地下鉄の車両で3回、ロンドン名物の2階建てバスで1回。午前8時50分からわずか1時間ほどの間に計4回の爆発が起こり、死者56人、負傷者700人以上を出した。

のちに犯行声明を出したのは、「9・11」を起こした国際テロ組織「アルカイダ」だ。

サミット開催時を狙ったテロという

***主要8か国首脳会議**
1998〜2013年まで、アメリカ、イギリス、フランス、西ドイツ、イタリア、日本、カナダ、ロシアが参加して行われた。

ことで、日本にも衝撃が走った。2008年7月の「北海道洞爺湖《とうやこ》サミット」、16年5月の「伊勢志摩サミット」ではともに2万人以上の警備体制を展開。首脳会議の場ではないロンドンが標的になったことから、東京の地下鉄の駅でもゴミ箱の撤去や、コインロッカーの封鎖などが行われた。

インドの大都市ムンバイでは大規模テロで日本人死者も…

アジアでも大規模テロ事件は発生している。なかでも、インド最大の都市ムンバイ*では、大規模テロが2回起こり、いずれも死者100人を超える大惨事となった。

一つは2006年7月11日夕方、帰宅する大勢の人々が乗った列車が狙われたテロだ。7か所でほぼ同時に爆破が起こり、180人以上が死亡、800人以上が負傷した。アルカイダと関係のあるイスラム過激派「ラシュカレ・タイバ*」の犯行だった。

2008年11月26日には外国人に人気の高いレストランやホテル、鉄道の駅など10か所余りで同時多発テロが発生。出張中の日本人ビジネスマン1人を含む190人以上が犠牲になった。「デカン・ムジャヒディン」と名乗るイスラム過激派が犯行声明を出したが、ほかの過激派集団の犯行ではないか、ともいわれる。

＊ムンバイ
インド西海岸にある人口1248万人（2011年時点）の大都市。かつてはボンベイという名だったが、1995年に極右政党の主導により変更された。

＊ラシュカレ・タイバ
イスラム教スンニ派の過激派組織。カシミール地方（インド北部とパキスタン北東部の国境地帯）やパキスタンを中心に活動する。イスラムによるインドの統治を目指しているという。

イスラム国〈IS〉【年表】

2010年	12月	チュニジアで青年が抗議の焼身自殺。大規模デモ発生。
2011年	1月	チュニジアのベン・アリ大統領、亡命。
		民主化運動「アラブの春」が中東・北アフリカ各国に波及。
		エジプトのムバラク大統領、退陣。
	夏	シリアで反体制派が武力で対抗。
	10月	リビアのカダフィ大佐、殺害。
	12月	チュニジア、新政権誕生。
2012年	6月	国連幹部が「シリアは内戦状態」と認める。
2013年～		IS、シリアでの活動を拡大。
2014年	1月	IS、イラクに侵攻開始。
	6月	IS、国家樹立宣言。
	8月	有志連合、ISの拠点を空爆開始。
2015年	1月	安倍首相、ISによる難民支援で2億ドル支援を表明。
		ISが日本人拘束、身代金2億ドル要求後、殺害。
	11月	パリ同時多発テロ。
2016年	7月	バングラデシュでテロ。日本人7人を含む20人が犠牲に。

第3章

抑えきれない中国の野望

日本を抜き去り、世界第2の
経済大国にのし上がった中国。
これほどポテンシャルが高く、
一方で危うさを感じさせる国はない。
恫喝《どうかつ》と圧政の中国現代史を読み解いて、
その抑えきれない野望を明らかにしよう。

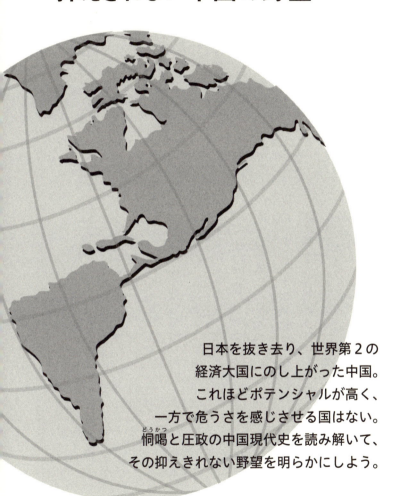

尖閣諸島を巡る日中の主張

明治時代に日本が領土に。石油ほしさで中国が横やり入れるも、日本は「領有権問題はない」と主張！

戦前は日本人200人が暮らし、鰹節工場もあった！

日本と中国の間で長らくもめているのが、東シナ海に浮かぶ尖閣《せんかく》諸島を巡っての争いだ。石垣島と台湾からの距離はともに約170㎞で、中国からはずっと遠い約330㎞。*魚釣島《うおつりじま》などの5つの島と3つの岩からなっているが、いまは人が住んでいない。

日本が尖閣諸島を領土としたのは1895年のことだ。明治政府がじっくり調べ、どこにも人が住んでいないこと、どの国も領土にしていた形跡がないことを確認し、国際法上正当な手段で領土とした。その後、政府の許可を得て*日本人が移住。一時は200人以上が暮らし、鰹節工場もあった。

戦後、*サンフランシスコ平和条約でも日本の領土と扱われ、沖縄の一部とみなされた。1972年、沖縄が日本に返還されるときの対象地域にも含まれている。これはどう見ても、日本の領土。なぜ、もめるのだろう？

＊魚釣島
尖閣諸島で最も大きな島で、面積は約3・8㎢。中国では「釣魚島（ジャオユイダオ）」と呼ぶ。

＊日本人が移住
一時は「古賀村」という村もでき、税の徴収も行われていた。鰹節製造のほか、海鳥の羽毛の採集なども行われていた。

＊サンフランシスコ平和条約
第二次世界大戦を終結させるため、日本と連合諸国が結んだ講和条約で、1951年に署名。1952年の発効によっ

尖閣諸島はどこにある？

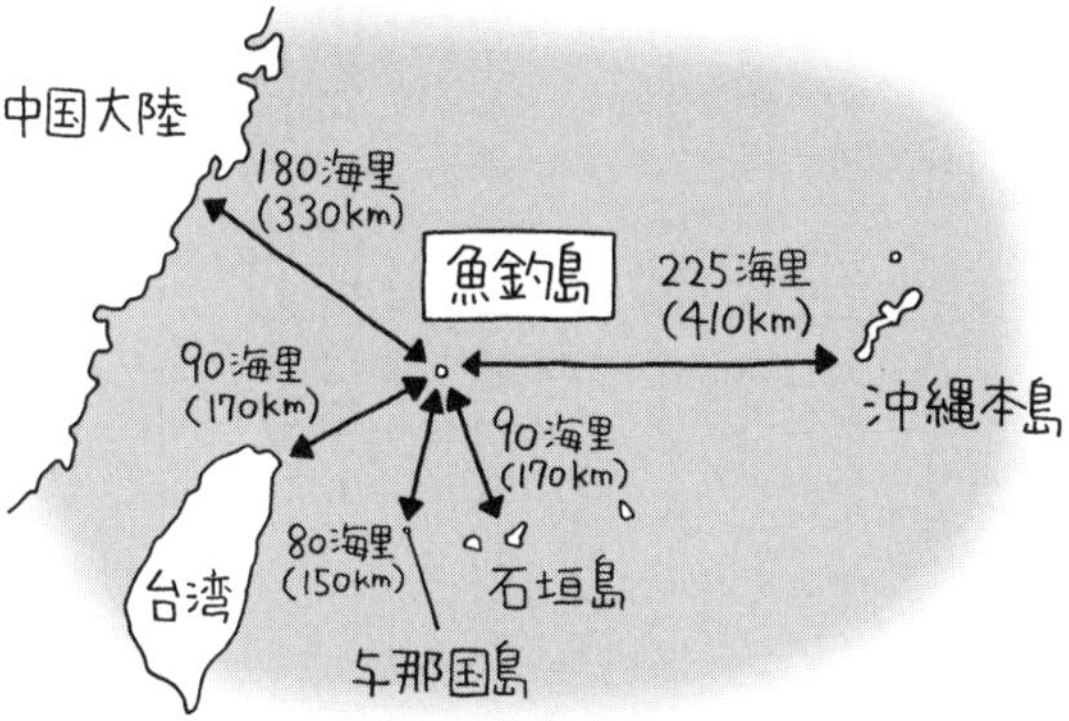

東シナ海に石油埋蔵、この情報に中国が乗った？

中国も長らく尖閣諸島の領有権を主張してこなかった。ところが、1970年代になり、東シナ海に石油埋蔵の可能性が指摘されると、「中国のものだ」と主張*するようになった。明の時代から発見・認知されている、中国沿岸の大陸棚上にある、といったことが根拠だという。

日本はこれをまったく認めていない。歴史的にも国際法上でも日本の領土であることは明らか。しかも、日本が有効に支配*しているので、領有権の問題は存在しない、と声を大にしている。

て、日本は独立を回復した。その後、尖閣諸島は沖縄の一部として、1972年に返還されるまでアメリカの施政下におかれた。

＊主張
尖閣諸島の領有権は台湾も主張している。

＊日本が有効に支配
韓国と領有権争いをしている竹島とはこの点が違う。竹島は韓国に実効支配されている。

尖閣諸島沖、漁船衝突事件

2010年

中国漁船が尖閣沖で領海侵犯し、海保に警告されると、何と体当たり！船長逮捕に中国は反発して反日デモ！

いったん逃げ出したが、ひるがえって体当たり！

尖閣諸島の領有権を巡る問題など、どこにもない。日本がこう主張しても、近年、中国とはたびたびもめて、大きな国際問題になっている。

現地での接触から大きなトラブルに発展したのは2010年9月7日。中国漁船が領海を侵犯し、尖閣諸島近くの海で漁をしていたのが発端だ。

海上保安庁の巡視船が発見し、警告すると中国漁船は逃げ出した。巡視船が追跡したところ、中国漁船は何と巡視船に体当たりしてきた。そこで、巡視艇は中国漁船の船長を公務執行妨害で逮捕。民主党の管直人首相は「我が国の法律に基づき、厳正に対処していく」と述べた。

逮捕した漁船の船長を処分保留のまま釈放…

この事件に対して、中国は強く反発。中国外務省の報道官が「中日関係の大

局に深刻な打撃を与えることを、日本側ははっきり認識すべき」と発言。その言葉通り、中国は報復措置をいくつも繰り出す。

尖閣諸島とは無関係の中国河北省で、日本企業の社員が軍事管理施設に入ったとして身柄を拘束。レアアース*の日本への輸出もストップし、経済的にも打撃を与えようとした。また、北京や上海などでは反日デモも起こった。

事態が紛糾するなか、那覇地裁は9月25日に船長を処分保留のまま釈放*。しかし、こうした対応に不満を抱いた海上保安官が、衝突時の映像を「YouTube」にアップ。中国漁船が突っ込んでくる映像は衝撃を与えた。

＊レアアース
レアメタルの一種で、17種類ある。希土類。少し混ぜるだけで磁力が強くなる、光を発するなどの力があり、ハイテク製品の製造に使われる。

＊釈放
船長は帰国時、「Vサイン」とともに挨拶し、英雄視された。

尖閣諸島国有化

2012年

「尖閣を東京都が買う」と石原都知事。あわてた政府が先に国有化すると、中国が激しく反発し、最悪の関係に！

東京都が買い取りを宣言。あの知事は本気だ！

日中関係がひどく悪化した「漁船衝突事件」の2年後、またもや尖閣諸島を巡る大問題が発生した。

２０１２年４月16日、東京都の石原慎太郎知事が突然、東京都が尖閣諸島を買い取る計画があると発表したのだ。購入するのは魚釣島、北小島、南小島の３島だという。地権者との売買交渉が合意にいたったというから、石原知事は本気だ。

東京都が尖閣諸島を購入するための寄付を呼びかけると、14億円を超える寄付金が集まった。

とはいえ、外交は当然、国が担当するべき問題。東京都の〝越権行為〟とも思える動きに、民主党政権の野田佳彦首相は頭を抱える。

石原知事はこれまで、尖閣問題に対して、島に港湾設備を整備せよ！　灯台を作れ！　といった過激な発言を連発してきた。東京都が尖閣諸島を買えば、日中関係を激震させることになりかねないと、急きょ国有化に向けて動き出した。

　この国の動きに石原知事*は反発したが、野田政権は交渉を続行する。最終的には20億5000万円で、国が地権者と売買契約を締結。9月11日に閣議決定し、尖閣諸島の3島*を国有化することが決まった。

過去最大の反日デモが発生、日中関係は最悪の事態に…

　野田首相は尖閣諸島国有化について、日本の領土を個人から国の持ち物に替えただけだと主張した。

　この説明に対して、中国が猛烈に反発。国有化が閣議決定された3日後には、過去最大規模である海洋監視船6隻が尖閣諸島周辺に堂々と領海侵犯してきた。

　中国国内で起こった反日デモ*も凄まじかった。北京の日本大使館近くには約1万人が集まり、一斉に抗議。反日デモはどんどん広がっていき、とうとう一部が暴徒化してしまう。中国各地で日本企業の店や工場、日本食レストランなどが、次々に略奪や焼き打ちにあった。

　日本と中国で進められていた政府間協議は軒並みストップ。民間交流も冷え込み、日中関係は国交正常化以来、最悪の状況に陥った。

＊石原知事は反発
石原都知事は当初、「本来は国が購入すべき」と言っていたが、実際に国が動き出すと反発した。

＊3島を国有化
尖閣諸島のうち、大正島はすでに国有地になっている。そのほかの島は年間2450万円で地権者と賃貸契約を結んでいた。

＊反日デモ
2005年春にも反日デモは発生。このときは、〝戦争を美化した〟と中国人に思われた歴史教科書が、文部科学省の検定を通ったのがきっかけだった。

南シナ海を巡る中国の主張

６００年前の大航海を根拠に、南シナ海のほぼ全域が中国の領土である！と高らかに主張。

国連ができるずっと前から、南シナ海は中国のもの！

東シナ海以上に領有権問題の争いが激化しているのが南シナ海だ。もちろん、ここでも中国が押しも押されもせぬ主役を張っている。

南シナ海における中国の主張は驚くべきもので、ほとんど全域を自国の領海だと主張している。地図で見ると、中国本土から〝舌〟を垂らしているように見えることから、別名「中国の赤い舌」。この巨大な〝舌〟の輪郭が「九段線《きゅうだんせん》」だ。

九段線は１９４７年、当時の中華民国*が地図上に引いた「十一段線」という11本の線がルーツ。１９５３年、中華人民共和国*がそこから2本の線を除去し、「九段線」として引き継いだ。その線で囲まれている内側はすべて中国の領海だというのだから、周辺の国はたまったものではない。

中国によると、九段線は１９９４年に発効した「国連海洋法条約*」よりず

＊中華民国
１９１２年、孫文が清朝を倒した辛亥《しんがい》革命によって建国。１９４９年、中国共産党との内戦に敗れて台湾に逃れた。

＊中華人民共和国
現在の中国。１９４９年、毛沢東が率いる中国共産党が建国した。

＊国連海洋法条約
海洋法に関する包括的な秩序を目指す条約。領海（12海里）や排他的経済水域（２００海里）などを定めている。

中国が領海を主張する「九段線」とは？

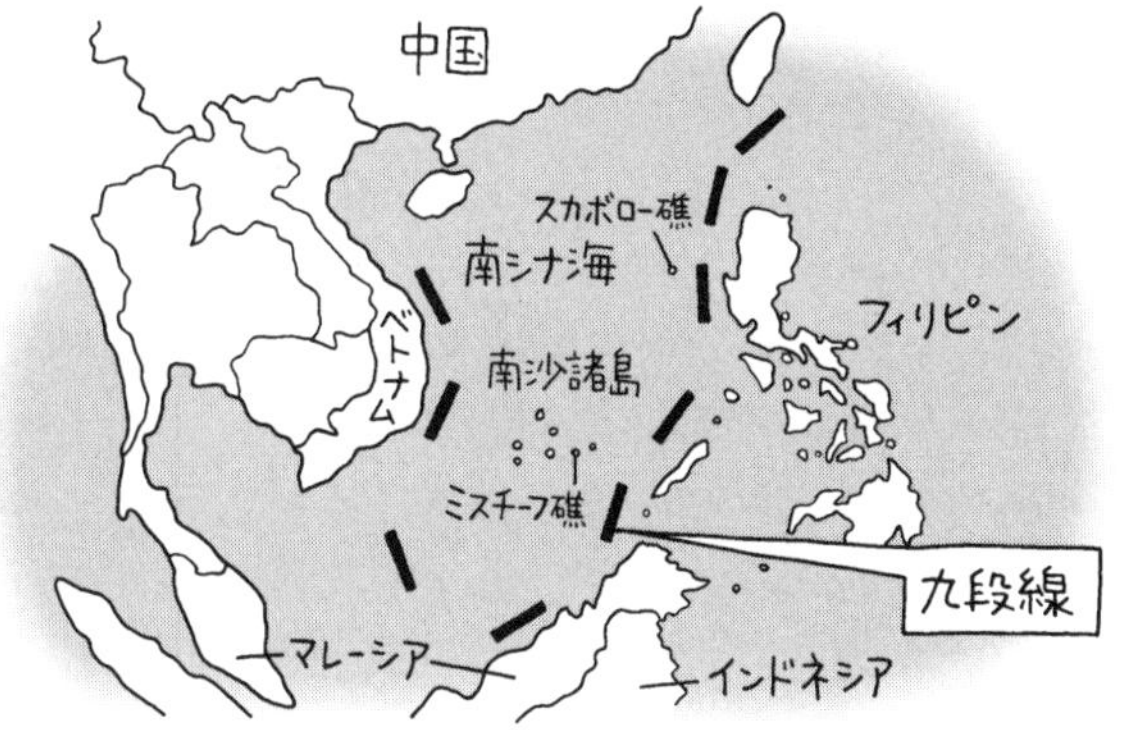

っと前から存在する。だから、南シナ海においては、この九段線こそが領海を定める決め事である、と主張する。

明の英雄が行った大航海が「九段線」の根拠

南シナ海はほぼすべてが中国のもの。この突拍子もない考えは、いまから600年前の明の時代、鄭和《ていわ》＊という宦官《かんがん》が大船団を率いて、7回にわたって大遠征を行ったことに由来する。遠征先の国々を朝貢国《ちょうこうこく》にしたこの大遠征により、南シナ海は中国のものになったというのだ。

明の英雄にちなむ九段線を根拠に、中国は南シナ海に進出していく。

＊鄭和の大遠征
明の永楽帝の命を受けて、1405年～31年の間に7回行われる。南シナ海からマラッカ海峡を越えてインド洋に入り、アラビア半島、アフリカ西部まで到達した。船団の中心となった「宝船」は全長120ｍを超える巨大船だった。

南シナ海の領有権問題

南シナ海沿岸諸国と大もめのなか、
裁判所が「九段線は無効」と判決。
中国の野望はついえるのか!?

南シナ海に海底油田が!?
中国の海洋進出が始まった

南シナ海で領有権を巡る対立が起こるようになったのは１９７０年頃。海底に石油や天然ガスが眠っていることが明らかになったのが原因だ。

領有権争いの舞台になっている南シナ海の島々や海は、じつはどこの国の領土なのかはっきりしていない。というのも、第二次世界大戦が終わるまで、南シナ海一帯を占領していたのは日本だったのだ。ところが、戦後、サンフランシスコ平和条約が結ばれて、日本はこれらの島々の領有権を失う。その際、島々がどこの国に属するのか、はっきり決めなかった。このことが、いまの状況につながっている。

南シナ海では近年、中国をはじめ、ベトナム、フィリピン、マレーシア、ブルネイ、台湾がそれぞれ独自の領有権を主張。領有権争いが激しさを増してきたのは、その境界線が複雑に重なり合っているためだ。

ベトナム、フィリピンと中国は一触即発！

南シナ海の領有権争いというと、近年の出来事という印象があるかもしれないが、実際には随分以前から衝突は起きてきた。*1974年には西沙《せいさ》諸島、*1988年には南沙《なんさ》諸島の一部の領有権を巡って、中国とベトナムとの間で海戦が発生。この戦いに勝った中国が、その後、それぞれを実効支配した。

次に中国が目をつけたのは南沙諸島のミスチーフ礁。フィリピンが実効支配していたが、1995年に台風が接近し、一時的にフィリピン軍が撤退したすきをついて、中国が忍び寄る。台

＊1974年には西沙諸島
1973年にベトナム戦争が終結。戦後の混乱期を狙って、中国は進出したといわれる。

＊1988年には南沙諸島
この頃、ソ連が弱体化。これに伴い、ソ連の支援を受けていた社会主義国のベトナムも弱体化する。中国はこれを好機と見て仕掛けた。

風が去り、フィリピン軍が戻ってみれば、ついこの前まではなかった建造物が建っていた。中国はそのまま実効支配し、フィリピンと対立した。

フィリピンとは2012年4月、ルソン島沖のスカボロー礁でも争いが勃発。中国とフィリピンの巡視船が長期間にわたって対峙し、極めて緊迫した事態になった。2か月後、フィリピン船が離れても中国船は居座り、周辺に睨みをきかせた。

さらに中国は2014年5月、ベトナム沖の西沙諸島近海に石油掘削装置*を設置し、大きな反発を呼ぶ。中国の動きに対して、その海域は自国の排他的経済水域だと、ベトナムが猛抗議。ベトナム国内で大規模な反中デモに発展し、死傷者も出る事態となった。

サンゴ礁が続く南沙諸島に12万㎡の人工島が出現!

南シナ海における中国の目に余る行動はまだまだ続く。2014年には南*沙諸島の岩礁で大規模な埋め立てを行う。2年ほどの間に約12万㎡の人工島が出現し、3000m級の滑走路、軍艦が停泊できる港、戦闘機が格納できる施設などが作られた。

中国に対抗するため、フィリピンやベトナムは「東南アジア諸国連合(ASEAN)」が一丸になるよう働きかけている。しかし、カンボジアやラ

＊石油掘削装置
2か月後移設され、この件での対立は収まった。

＊南沙諸島の埋め立て
この動きに対して、フィリピンも思いきった対抗措置を取る。南沙諸島の浅瀬の一部にアメリカ海軍の古い軍艦をわざと座礁させ、中国を監視するための拠点とした。

＊シーレーン
国の通商上、さらに有事の際、国が確保しなければならない海上交通路。習近平国家主席は、中国からアラビア半島にかけての海上交通路を「21世紀の海のシルクロード」と位置づけ、重要視している。

オスは中国から資金支援を受けていることもあって、中国に強くものを言いにくい。このため、なかなか思惑通りにことは進まない。

中国が南シナ海に進出を急ぐのは、海底の石油や天然ガス以外にも理由がある。南シナ海から中東までを結ぶ*シーレーンの確保だ。石油などの物資を確保するため、中国はこの海上交通路を絶対に押さえなければならないと考えている。

「九段線」が全否定された！どうする、中国？

領有権を争う国のなかでも、独自の対策を図ったのがフィリピンだ。軍事的衝突では勝ち目がないことから、2013年1月、国連海洋法条約に基づき、*常設仲裁裁判所に中国を提訴した。

2016年7月に下された判断は、中国にとって最悪のものだった。「九段線」には法的根拠がない。また、*南沙諸島には島は一つも存在しない。中国の主張は、完膚なきまでに否定されたことになる。

中国は国連安全保障理事会の常任理事国。国連海洋法条約に基づく判断に従わないことは考えられない。だが、習近平《しゅうきんぺい》国家主席は「中国はいかなる主張も受け入れない」と激しく反発し、この判断受け入れを拒否。南シナ海の情勢は、緊迫度をさらに増した。

＊常設仲裁裁判所
1899年、国際紛争の平和的処理に向けて、オランダのハーグに設立。判断に不服申し立てはできない。結論に従う義務はあるが、強制力や罰則規定はない。とはいうものの、従わなければ、国際的な信用が落ちるのは必至だ。

＊南沙諸島に島はない
南沙諸島にあるのはすべて「岩」で、「島」ではないとの判断。島だと排他的経済水域が生じるが、岩だと何も得られない。この判断は日本にも無関係ではない。日本最南端の無人島、沖ノ鳥島が「岩」と判断された場合、日本は国土面積を上回る広大な排他的経済水域を失うからだ。中国はかねてから、「沖ノ鳥島は岩だ」と日本を批判している。

世界第2の経済大国に

2010年

近年、経済が飛躍的に成長し、GDPが日本を抜いて世界第2位に！ しかし、問題山積で先行き不透明…。

日本が42年間保った世界第2位の座を奪われる！

2008年9月、「100年に一度の経済危機」といわれたリーマン・ショック*が世界を襲った。日本を含む世界が不況に喘ぐなか、中国だけは驚異的な立ち直りを見せる。

2010年には早くもV字回復させることに成功。ついに名目国内総生産（GDP）*が日本を抜き、世界第2位*の座に就いた。国際通貨基金（IMF）*の推計では、2016年には日本の2・5倍を超え、アメリカの6割に及ぶ。中国の躍進はとどまることがない……かのように見える。

先行き不透明な中国経済。減速すれば日本にも影響が…

急激に成長し、経済大国になった中国だが、じつは問題は山のようにある。近年、「一人っ子政策」*によって高齢化が進行。生産年齢人口は2017年にピークを迎え、それから先は恐ろし

＊リーマン・ショック
→P146

＊名目国内総生産（GDP）
国内で一定期間に生産された財貨やサービスが生み出す付加価値額のトータルで、国の経済規模の基準となる。名目GDPから物価上昇分を引いたものが実質GDP。その伸び利率が経済成長率とされる。

＊世界第2位
日本は1968年に西ドイツを抜いて以来、アメリカに次ぐ世界第2位だったが、その座を明け渡した。

中国の名目GDPはどう伸びている？

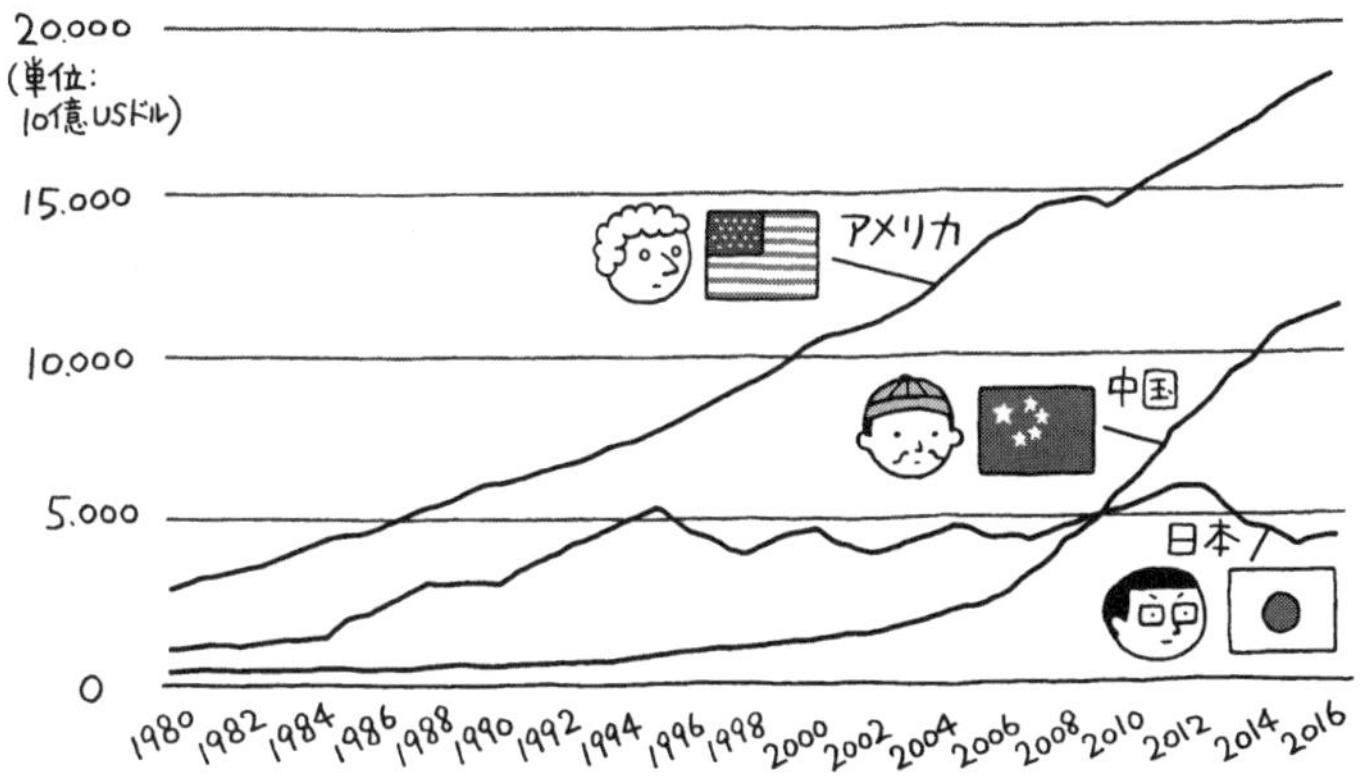

い勢いで減少していく。加えて、都市部と農村部の貧富の差も著しく、貧困層の不満はたまるばかりだ。

中国の経済成長率が年々急降下していることも見逃せない。IMF*は2016年の成長率が年間6・5%増にとどまると予測。リーマン・ショック後の2009年1〜3月期に記録した6・2%増に近づく極めて低い水準だ。そのうえ、じつは経済統計そのものが水増しされているのでは……という、いかにも中国らしい疑惑もある。

中国はアメリカと並んで、日本の最大の輸出相手国*。中国の経済成長が減速すれば、日本にも大きな影響が及ぶことは避けられない。

＊国際通貨基金（IMF）
1946年、国際的な金融協力や外国為替相場の安定を図るために設立された国際金融機関。

＊一人っ子政策
原則的に、1組の夫婦に1人の子どもしか認めない人口抑制政策。2015年に廃止された。1979年から36年間続いたこの政策により、中国では世界に類のない速さで少子高齢化が進んでいる。

＊日本の最大の輸出相手国
中国は2009年から12年まで、日本の最大輸出相手国だった。2013年からアメリカがトップに返り咲き、現在にいたる。

習近平、国家主席に就任

2013年

国家のあらゆる権力を自らに集中。
大物幹部たちの不正を暴くが、
〝邪魔者を排除した〟との声も…。

国家と党、軍の権力を一手に握った！

2013年3月、中国で最も重大な決め事の場である「全国人民代表大会*」（全人代）が北京で開催。胡錦濤《*こきんとう》に代わって、習近平が新しい国家主席に選出された。

習近平はこの前年、すでに中国共産党総書記、中国共産党中央軍事委員会主席に就任している。国家主席に就いたことにより、党と軍の権力に加えて、国家の最高権力も一手に握ることになったわけだ。

しかし、中国ほどかじ取りが難しい国も少ないだろう。世界第2位の経済大国にはなったものの、都市部と農村部の極端な経済格差、深刻な環境汚染、少数民族の不満など、解決すべき問題はいくつもある。

自らに権力を集中させた習近平は、どのように指導力を発揮するのか。大国中国が踏み出す新しい一歩に、世界は大いに注目した。

＊全国人民代表大会
中国最高の国家権力機関。年1回開催され、政治活動報告、法律制定、国家予算の審議、国家主席の選出などを行う。

＊胡錦濤
1942年生まれ。2002年に中国共産党総書記、03年に国家主席、05年に中央軍事委員会主席に就任。国家・軍・党の権力を掌握した。

汚職を重ねた大物たちを次々に摘発して追放！

習近平は想像以上に強いリーダーシップを発揮した。なかでも力を入れたのが、腐敗にまみれた官僚たちの摘発だ。掲げたスローガンは「トラもハエも叩く！」。国のトップから下っ端の役人まで、汚職をしている者は容赦しないと宣言した。

習近平が陣頭指揮を執った腐敗摘発は、まさかここまで……という大物までを対象とした。その1人が、胡錦濤時代の党最高指導部のメンバーで、前党中央政法委員会書記の周永康《しゅうえいこう》。国有石油大手と癒着し、巨額の不正な利益を得ていたとされる。収賄《しゅうわい》容疑で逮捕され、無期懲役の判決を下された。

ほかにも、人民解放軍の大物だった郭伯雄《かくはくゆう》元党中央軍事委員会副主席、同じく徐才厚《じょさいこう》副主席、元国家主席の江沢民《こうたくみん》*に近い実力者だった谷俊山《こくしゅんざん》元総後勤部副部長など、誰もが認める本物の〝トラ〟たちが次々と摘発された。

「腐敗を許さない」と示すことで、庶民の支持を得たことは確かだ。その一方、邪魔になりそうな者を追放したのではないか……という深読みもされている。国家主席に就任後、さらに安全保障や治安維持、警察、情報部門などのトップにも就いた習近平。その動きを止められる者は、もういない。

＊江沢民
1926年生まれ。中国共産党第1世代の毛沢東、第2世代の鄧小平に次ぐ、第3世代の指導者。

香港の「雨傘革命」

2014年

選挙制度改革案に学生たちが反発、雨傘を掲げた学生がデモで抗議するが、結局、排除されて何も変わらなかった。

警察が放つ催涙弾を学生たちが傘で防ぐ！

白煙を引きながら飛んでいく催涙弾。それを学生たちが雨傘を開いて防御する。生々しい映像がニュースで流されたのは２０１４年９月のことだ。あの忌まわしい「天安門事件*」が再現されるのか……世界は大いに危惧した。

香港の「雨傘革命*」は、学生たちが民主化を求めて立ち上がったデモ活動*。このデモが起こった根本には、香港独特の「一国二制度」がある。香港はもともとイギリスの植民地で、自由な経済活動により発展してきた。１９９７年に中国に返還されたが、その後も資本主義を認められ、特別扱い*を受けてきた。これが「一国二制度」だ。

立候補が制限される選挙なんか意味はない！

「雨傘革命」は選挙制度改革が引き金になって起こった。香港のトップ、行政長官の選び方は独特で、１２００人

＊天安門事件 1989年6月、中国の学生たちが民主化を求め、北京の天安門広場に集まり、人民解放軍と衝突した。当局は死者319人と発表したが、実際にははるかに多い犠牲者を出した。

＊雨傘革命 学生らが雨傘を使ったことからこう呼ばれた。

＊デモ活動 デモには市民も参加して、数万人規模に膨れ上がり、一時は銀行などの営業もストップした。

＊特別扱い 香港は特別行政区に指

の選挙委員だけが投票権を持ち、一般市民は投票できなかった。このため、香港の人々は長年、選挙改革を訴えてきた。その要望がやっと受け入れられ、2014年に改革案が発表された。
その内容を聞いた学生たちが激怒し、大規模なデモへとつながった。改革案では、18歳以上の市民は誰でも投票できるとされた。ここまではいい。問題は、新組織の「指名委員会」が選ぶ候補者しか投票の対象にならないことだ。これでは指名委員会が都合のいい人間を選ぶことになるだろう。とても民主的な選挙とはいえない。
デモは2か月半にわたって続き、最後は警察に強制排除されて終わった。

定され、高度な自治が認められている。

チベット騒乱

2008年

以前から分離独立を訴えている
チベット族が自治区で漢族に抗議。
弾圧されて、多数の犠牲者が…。

20世紀半ば、中国共産党の少数民族弾圧が始まった！

中国は漢族*が圧倒的多数を占める国だ。しかし、国土が広いだけあって、56にのぼる少数民族も暮らしている。彼らの多くは、国が指定した自治区や自治州にいるが、支配層である漢族との摩擦が絶えない。

なかでも以前から、強く独立を求めている少数民族の一つがチベット族だ。チベットが中国の支配下になったのは、18世紀の清朝の時代。20世紀に入って、中華民国が建国された翌年の1913年、念願の独立を宣言する。しかし、1949年に成立した現在の中国（中華人民共和国）により、少数民族は弾圧されるようになる……。

漢族の支配に対する僧侶の抗議から騒乱に！

1950年、中国の人民解放軍がチベットに侵攻し、翌年、併合*を宣言する。1959年にはラサで暴動が発生

＊**漢族が圧倒的多数**
中国の人口のうち、漢族が92％を占める。

＊**チベット併合**
この武力による侵略を、中国は「平和解放」と呼んでいる。

中国の少数民族の自治区は？

し、数万人が死亡。ダライ・ラマ14世*は何とか脱出し、インドに亡命政府を樹立した。

1965年、チベットは自治区*になったが、以降も自治権などに対して不満が高まり、何度も衝突が繰り返されている。

2008年3月には、ラサで僧侶が漢族支配に対して抗議。これをきっかけに「チベット騒乱」と呼ばれる悲劇が起こった。

チベット亡命政府によると、この騒乱で200人以上の犠牲者が出たという。以降、漢族支配への抗議として、チベット族の焼身自殺が増加。すでに100人を超えたといわれる。

***ダライ・ラマ14世** チベット仏教の最高指導者で、精神的な面でのチベットの指導者でもある。1989年にノーベル平和賞を受賞した。

***チベット自治区** 人口の9割以上をチベット人が占める。

新疆ウイグル騒乱

2009年

イスラム圏のウイグル族自治区で、過去最大の暴動が発生。自治区の資源ほしさで中国が弾圧！

中国西北部にあるイスラム教徒の自治区

漢族と少数民族との軋轢が、一向に収まらない中国。ロシアやモンゴル、カザフスタンなどと国境を接する*新疆《しんきょう》ウイグル自治区でも、たびたび衝突が起きてきた。

新疆ウイグル自治区に暮らす少数民族は、トルコ系イスラム教徒のウイグル族。古くは「西域《せいいき》」と呼ばれていた地で、清朝の時代に征服されたのち、一時は独立宣言をした。しかし、現中国の成立によって組み込まれ、1955年に新疆ウイグル自治区となった。

チベット自治区などと異なるのは、自治区となってから、漢族がどんどん入り込んできた点だ。人口統計では、2000万人を超える人口のうち、*漢族が4割を占めている。

中国はウイグル族を弾圧し続けてきた。*宗教の違いも一つの原因で、文化大革命のときには自治区内のイスラム教のモスクが破壊され、ウイグル族は

＊新疆
「新しい土地」という意味。

＊漢族が4割
新疆ウイグル自治区には人民解放軍なども多く配置されており、実際には漢族の数が少数民族を上回るのでは、という見方もある。

＊宗教の違い
中国は「無宗教」の立場を取っている。

怒りをつのらせた。

独立を求める声が高まったのは、隣国のソ連が崩壊してからだ。中央アジア諸国が次々と独立するのを見て、ウイグル族も「次は自分たちだ」と独立運動を活発化させる。しかし、中国は独立を決して認めず、治安部隊を投入して力づくで抑えた。

豊富な原油や天然ガスを中国は手放したくない！

民俗や宗教の違いに加えて、漢族との大きい経済格差なども原因*となり、その後も衝突が繰り返される。そして、2009年7月に過去最大の暴動「新疆ウイグル騒乱」が起こった。漢族がウイグル族を襲った事件*を発端として、学生たちが大規模なデモ活動を行い、その一部が暴徒化。治安部隊が投入され、当局発表では197人が死亡、1700人以上が負傷した。

その後もウイグル族の反発は収まらない。近年はイスラム過激派「東*トルキスタン・イスラム運動」が自治区内でテロ活動を行っているとされ、状況はより複雑になっている。

中国がウイグルやチベットを手離さない理由はほかにもある。ウイグルは原油や天然ガス、チベットは鉱物資源を豊富に埋蔵している。こうした資源を手中に収めておくためにも、中国は独立に向けた動きに敏感なのだ。

＊原因
政府は一応、少数民族を優遇する政策を取っており、漢族がそのことに不満を持っているという複雑な構図もある。

＊事件を発端
中国南部の広東省の工場で事件は起きた。ウイグル族の男が漢族の女性を暴行したという噂が流れ、両民族が乱闘となった。

＊東トルキスタン・イスラム運動
東トルキスタン（新疆ウイグル自治区のこと）の分離独立を目指す運動組織。アルカイダやタリバンと関係があるといわれる。

中国【年表】

1895年		明治政府、尖閣諸島を領土に。
1947年		中華民国、南シナ海に「十一段線」を引く。
1953年		中国、「十一段線」を修正して「九段線」に。
1970年代		尖閣諸島周辺で石油埋蔵の可能性が判明。中国、領有権を主張。
		南シナ海で石油埋蔵が判明。中国、領有権を主張。
1972年	5月	沖縄返還に伴って、尖閣諸島が日本に復帰。
1974年	1月	西沙諸島領有権を巡り、中国とベトナムが開戦。
1988年	3月	南沙諸島領有権を巡り、中国とベトナムが開戦。
1995年	2月	中国、南沙諸島ミスチーフ礁に建造物を建設。
2008年	3月	チベット騒乱。
2009年	7月	新疆ウイグル騒乱。
2010年	9月	中国漁船、尖閣諸島近くで領海侵犯。海保の巡視船に体当たり。
		中国、GDP世界2位に。
2012年	4月	東京都、尖閣諸島買い取り計画を発表。
		スカボロー礁で中国とフィリピンが睨み合い。
	9月	日本政府、尖閣諸島国有化。
		中国で過去最大の反日デモ。
2013年	1月	フィリピン、常設仲裁裁判所に中国を提訴。
	3月	習近平、国家主席に就任。
2014年〜		中国、南沙諸島で大規模な埋め立て。
	5月	中国、西沙諸島に石油掘削装置を設置。
	9月	香港で「雨傘革命」。
2016年	7月	常設仲裁裁判所、「九段線に根拠なし」と判断。

第4章
激化する北朝鮮の挑発

一体、何を考えているのか、
世界で最もわからない国、北朝鮮。
国連安保理が繰り返し警告しても、
こりずに弾道ミサイル発射、核実験……。
金正恩が国のトップに就いてから、
過激さは一層増してきた！

金正恩、第一書記に就任

2012年

3代続けて国の最高指導者になり、党の幹部を次々に粛清、解任。軍事を前面に、絶対的な独裁体制へ！

政治・外交経験ないまま、いきなり、あの国のトップに！

北朝鮮の最高指導者、＊金正恩《キム・ジョンウン》の髪型が個性的過ぎると、以前から話題になっている。じつは、この髪型は国民に人気の高かった祖父、＊金日成《キム・イルソン》総書記のヘアスタイルを真似たものだという。

金正恩は北朝鮮で3代続く世襲の最高指導者。初めて公の場に出たのは２０１０年、朝鮮労働党創建65周年の軍事パレードのときだった。金正恩は父の＊金正日《キム・ジョンイル》総書記とともに姿を見せ、われこそが北朝鮮の後継者であると、強く印象づけた。

金正日は２０１１年12月に死去。北朝鮮のメディアは金正恩を「不世出の先軍統帥者」などとほめたたえ、後継者が誰なのか盛んに示した。２０１２年４月、金正恩は第一書記に就き、さらに国防第一委員長、元帥にも就任。軍事パレードで表舞台に出たのち、＊わずか１年半で、東アジアで最も警戒すべき国のトップに上り詰めた。

＊金正恩
金正日の三男。党第一書記に就いたのは若干27歳のとき。2016年5月からは初代委員長。

＊金日成
第二次世界大戦後、朝鮮民主主義人民共和国を建国し、死去するまで最高指導者の座に就いた。

＊金正日
金日成の長男。父金日成の死後、国の最高指導者になる。

＊わずか1年半
父の金正日はトップに立つまで、党の要職を10年以上務めた。

親しみやすさをPRする一方、軍事最優先で突き進む

金正恩は祖父の髪型に加え、服装も真似て親しみやすさをアピール。視察に夫人を同行したり、視察先で兵士をハグしたりと、国民に対してはソフト路線を取った。その一方、国のナンバー2だった叔父の*張成沢《チャン・ソンテク》をはじめ、党幹部を次々と粛清《しゅくせい》、解任する。

最も懸念されるのは、金正恩が軍事を優先させる「*先軍政治」を推し進めていることだ。ミサイル発射や核実験を繰り返し、国際的に非難されても知らぬ顔。日本人拉致問題にも進展は見られない。

＊張成沢
金正日の妹が妻で、金正日の側近を務めた。金正恩体制のナンバー2と見られていたが、数々の不正・腐敗行為があるとして、2013年12月に処刑された。対空機関銃でバラバラにされ、遺体はさらに火炎放射器で焼きつくされたという。

＊先軍政治
軍事を最優先させる政治思想。北朝鮮の憲法に指導思想として明記されている。

北朝鮮、ミサイル発射

1993年〜

国連安保理の批判を無視する北朝鮮。
金正恩体制になってから、
弾道ミサイルの開発を一層推進！

日本の上空を横切り、太平洋まで飛んだ！

何はさておき軍事を最優先させるという恐ろしい国、それが北朝鮮だ。〃実戦〃で大きな戦力となる弾道ミサイル*を初めて発射したのは１９９３年。「ノドン*」と呼ばれる弾道ミサイルを日本海に向けて発射した。

１９９８年には2段式弾道ミサイルの「テポドン１号*」を発射。このときは日本の上空を横切って飛び、太平洋に落下した。事前通告なしに他国の上空を飛ばしたことに対して、日本はもちろん、広く国際社会が反発した。

北朝鮮のミサイル開発は続く。２００６年には「テポドン１号」よりもはるかに長い射程距離を持つ「テポドン２号*」を開発して発射。しかし、わずか数10秒後に空中で破損し、そのままあえなく墜落した。

「テポドン２号」は3年後の２００９年に再び発射。このときは日本の上空をまたいで３０００㎞以上飛び、太平

＊弾道ミサイル　ロケットによって高角度に打ち上げるミサイル。文字通り、大砲の弾道のような弧を描いて飛び、長距離にある目標物を攻撃する。

＊ノドン　射程は最大１３００㎞で、日本列島がすっぽり射程内に入る。

＊テポドン１号　射程は１５００㎞以上と考えられる。

＊テポドン２号　ミサイルの弾頭重量を１t以下として計算すると、射程距離は最大１万㎞以上に及ぶ可能性が

洋に落下した。

金正恩体制になると、ミサイル開発はさらに加速化する。国の権力を一手に握ったばかりの2012年4月と12月、1年のうちに2回も強行。その後も毎年、日本海などに向けて発射している。このうち、2016年6月のミサイル発射は重要なので、次ページでくわしく紹介したい。

「人工衛星の打ち上げ」と言い張る北朝鮮だが…

ところで、北朝鮮は多くの場合、これらを「ミサイル」とは言っていない。「人工衛星を載せたロケット」を打ち上げたと称している。

その言い分に、日本をはじめとする国際社会は大いに反発してきた。というのも、メカニズム的にいえば、弾道ミサイルと宇宙ロケットはほとんど同じ。人工衛星を打ち上げるロケットの先端に爆弾を取りつけるだけで、そのまま弾道ミサイルになるといってもいい。つまり、たとえ人工衛星の打ち上げ実験であっても、弾道ミサイルの性能を向上させる取り組みと意味合いは同じなのだ。

北朝鮮は国連の安全保障理事会で、弾道ミサイル計画に関連するすべての活動の停止を繰り返し決議されている。ロケットかミサイルかは関係なく、国際社会から非難されるのは当然だ。

ある。

弾道ミサイル「ムスダン」成功

2016年

「ムスダン」の発射に初めて成功。日本全土を射的距離に収め、米軍基地のあるグアムまで届く！

2016年になって加速化するミサイル開発

北朝鮮のミサイル発射は、2016年になって一段と加速化している。しかし、ミサイル開発には相当な予算が必要だ。経済難は一向に解消されず、しかも国際社会から非難を浴びながら、なぜエスカレートしているのか？

韓国やアメリカに軍事的脅威を与えて交渉を有利に進めるため、こんなに強い国だと国民に見せつけるため、といった理由に加えて、軍事市場へのアピールではないか、という見方もある。ミサイル開発の技術を中東などの紛争地帯に売り、外貨*を稼ぐのが狙いだというのだ。そうであるなら、なかなか一筋縄ではいかない国だ。

日本全土を射程に収め、さらにグァムも狙える！

北朝鮮は2016年になって、ミサイルを何発も発射したが、なかなか成功しなかった。しかし、6月22日に発

＊外貨を稼ぐ 北朝鮮はミサイル開発の技術を売ることによって、かつては年間10数億ドルの収入を得ていたとの見方もある。

北朝鮮の弾道ミサイルの射程距離は？

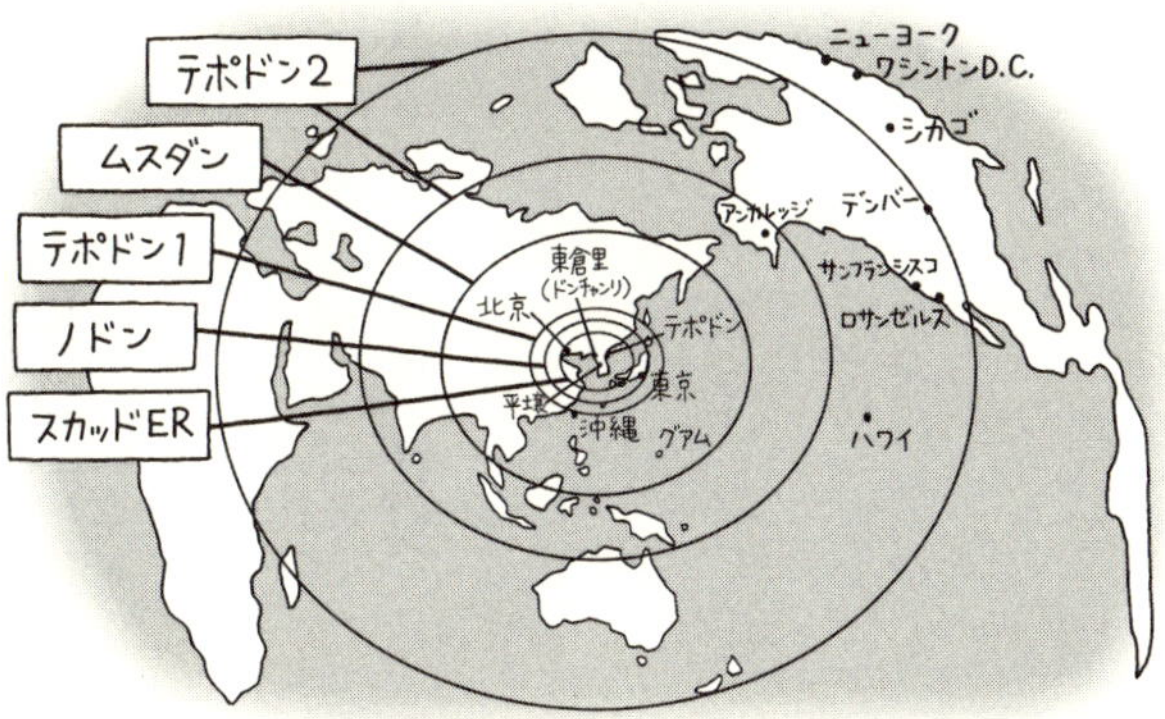

（2015年版『防衛白書』より）

射した「ムスダン」*と見られるミサイルの軌道を見て、日本の防衛省の危機感が一気に高まった。

このミサイルは通常よりも高角度で発射。ぐんぐん空に向かって上がっていき、高度1000km以上に達した。高度100km以上が宇宙とされているので、余裕で宇宙空間を飛んでいたことになる。このミサイル発射は成功したとの見方が強い。

ムスダンの射程距離は日本全土をすっぽり包み、さらにグアムまで届くといわれている。まだまだ成功率は低く、すぐに実戦で使えるほどではないにせよ、北朝鮮の脅威が一層高まったことは確かだろう。

＊ムスダン
北朝鮮が近年、力を入れて開発している弾道ミサイル。射程は約2500～4000km。発射台車両に搭載されるので、どこで発射するのかつかみにくい。これまでに6発発射しており、成功といえるのは2016年6月22日の1発のみ。

北朝鮮の核実験

2006年〜

国際社会の取り決めを無視して、繰り返し核実験を強行。ついに水爆にも手を出した!?

アメリカに対する核抑止力として急ぎ開発？

国際社会からの批判をものともせず、独自の道を歩む北朝鮮。弾道ミサイル開発と並行して、積極的に取り組んでいるのが核実験だ。

北朝鮮は金正恩体制になってから2回、それ以前に2回、計4回の核実験を行っている。なぜ、北朝鮮は核実験を強行するようになったのか？　ちょっと、現代史を２００２年まで遡ってみよう。

この年、アメリカのジョージ・ブッシュ大統領が、イラク、イランとともに、北朝鮮を「悪の枢軸《すうじく》」と呼んで非難した。イラクはその直後、アメリカに攻め込まれて、独裁政権があっけなく崩壊する。

北朝鮮はこれを見て、強い危機感を持ったのではないか。他国が開戦を躊《ちゅう》躇《ちょ》するような強力な武器がないと、この国もイラクのような目にあいかねない……。そこで、以前から密かに行っていた核兵器の開発を急ぎ、その抑止力をもってアメリカに対抗しようとしたという見方がある。

国際間の取り決めをまったく無視して強行！

北朝鮮は2003年、アメリカの軍事的脅威を理由にあげて、「核拡散防止条約」*（NPT）から脱退する。世界はこれを大いに警戒。2005年、北朝鮮やアメリカ、日本、韓国などで協議した「六者会合」*により、北朝鮮はすべての核兵器と核計画を放棄することを約束した。

だが、驚くべきことに、これはまったくのウソだった。北朝鮮は2006年7月に弾道ミサイル発射を強行。国連安全保障理事会をはじめ、世界が強く非難するが、北朝鮮は強行的な姿勢を崩さない。

そして、ついに10月3日、核実験を行うことを発表。関係の近い中国やロシアが説得に当たったが、北朝鮮は聞く耳を持たない。発表から1週間足らずの同月9日、初めての核実験を強行した。

実験の場となったのは、北朝鮮北部の山間部とされる。日本や韓国、アメリカなどでも地震波を観測し、確かに何かが行われたのは間違いない。ただし、それほど大きな爆発ではなかった。このため、本当に核実験だったのか？

＊核拡散防止条約（NPT）
核保有国を増やさないことを目指し、冷戦中の1970年に発効。核兵器を持てるのは核保有国であるアメリカ、ロシア、イギリス、フランス、中国の5か国のみで、これら以外の国は核兵器の所有や製造を禁じている。ただし、5か国にだけ保有を認めるのは不平等という意見がある。また、未加盟の国のなかには核兵器を保有したり核実験を行ったりしている国もある。

＊六者会合
2003年から07年まで9回開催。北朝鮮、アメリカ、日本、韓国、中国、ロシアの代表団が北京に集まり、朝鮮半島と東アジアの安定を目指して協議した。

という疑念の声もあがったが、韓国やアメリカが大気を分析した結果、確かに放射性物質が検出された。

拉致問題とのかじ取りで、難しい日本の立場

北朝鮮の核実験を受けて、国連の安全保障理事会が招集され、全会一致で制裁決議を採択した。当然の流れといえるだろう。このあとも、北朝鮮が核実験を強行するたびに、国連安保理では制裁が決議されている。

日本は国連安保理で制裁決議が採択される前に、北朝鮮からの輸入全面禁止などの独自の制裁を行うことにした。ただし、日本は北朝鮮との間に日本人拉致問題を抱えているため、対応には難しい一面がある。

制裁を強化すると、拉致問題解決に向けた北朝鮮との協議が停滞してしまうからだ。とはいえ、国際社会と歩調を合わさないわけにはいかない。北朝鮮が核実験を繰り返すたびに、日本には微妙なかじ取りが求められている。

最も新しい実験は本当に「水爆」なのか!?

北朝鮮はその後も、弾道ミサイル発射と並行して、核実験をたびたび強行する。2度目の核実験を行ったのは2009年。4月に弾道ミサイルを発射し、翌月に核実験を実施した。さらに

国連安保理の制裁決議採択に反発し、新たにプルトニウムを兵器化し、ウラン濃縮にも着手することを発表した。

2013年2月には金正恩体制では初、北朝鮮としては3度目の核実験を強行。4月には自らを「核保有国」としたうえで、核兵器開発を推進するための法律*を整備した。

いまのところ、最も新しい核実験は2016年1月。北朝鮮は「水爆実験*」だと発表しているが、韓国当局は疑わしいという。一方、確かに水爆ではあるが、一部しか爆発しなかったのでは、という見方もある。核実験は今回で終了ではないはずだ。北朝鮮から目が離せない状況はまだまだ続く。

＊法律
「自衛的核保有国の地位をさらに強固にすることについての法」。核抑止力や核報復打撃力の強化、核兵器の安全管理、核拡散防止への協力などを規定した。

＊水爆実験
過去3回は原爆実験だった。水爆は原爆よりもはるかに大きい破壊力を持つ。

北朝鮮【年表】

1993年	5月	初の弾道ミサイル発射。
2003年	1月	「核拡散防止条約（NPT）」から脱退。
2006年	10月	初の核実験。
2009年	5月	2度目の核実験。
2011年	12月	金正日朝鮮労働党総書記、死去。
2012年	4月	金正恩、朝鮮労働党第一書記に就任。
2013年	2月	3度目の核実験。
2016年	1月	4度目の核実験。
	6月	弾道ミサイル「ムスダン」、初の発射成功。

第5章
深まる韓国の反日感情

近くて遠い国、韓国はなぜ、
日本をこれほどまでに嫌うのか？
互いの主張が平行線をたどり続ける
竹島の領有権問題から、
根の深い従軍慰安婦問題まで、
緊張感ある日韓の現代史をたどる。

竹島を巡る日韓の主張

1905年、正式に島根県の領土に。しかし、韓国はこれを認めず、勝手に海に線引きし、実効支配へ！

鎖国中の江戸時代から、漁師がアシカ猟、アワビ漁を

2つの島と岩礁からなり、総面積は*約0・21㎢。こんな小さな島がもう長い間、日韓の火種になっている。韓国では「独島《トクト》」と呼ばれる「竹島《たけしま》」は、島根県から約211㎞、韓国本土から約217㎞の日本海にぽっかり浮かぶ。双方からの距離だけを見たら、どちらの国の領土なのか、かなり微妙な線にあるかもしれない。

では、竹島を巡る日韓の主張はどのように食い違っているのか。日本は江戸時代より、竹島でアシカ猟やアワビ漁を行っていた。鎖国令のもと、竹島を「外国」とみなしていたら、こうしたことはできなかったはず。竹島は古くから日本の領土だと考えられていたことがわかる。

竹島を正式な領土としたのは1905年。政府が竹島を*隠岐島庁の所管とした。これに対して、韓国は同じ年に*外交権を日本に奪われたため、「独島

＊約0・21㎢ 東京ドームおよそ4・5個分に当たる。

＊隠岐島庁の所管 国の決定を受けて、島根県が「竹島は島根県の領土だ」と宣言した。

＊外交権 国家間の外交を行う権利。1905年、日本が韓国の外交権を握り、韓国は独立国とはいえなくなった。1910年には「韓国併合」が行われる。韓国にすれば、植民地支配の第一歩として日本が竹島を奪った、という理屈になる。

竹島の位置

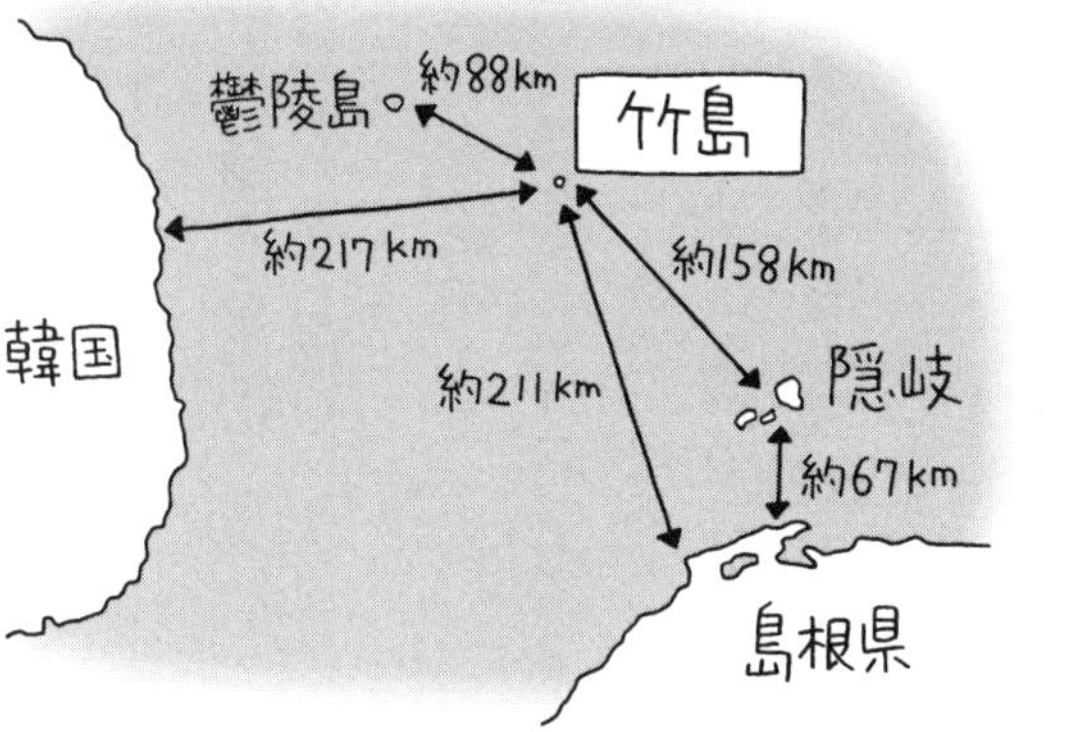

は韓国の領土だ」と抗議したくてもできなかったのだと主張する。

現在、沿岸警備隊が常駐し、韓国に実効支配される

終戦後、日本は一時的に竹島の行政権を失ったが、サンフランシスコ平和条約*によって、再び日本の支配下に復帰することになった。

ところが、条約が有効になる発効直前の1952年1月、韓国の李承晩《リ・ショウバン》大統領が突如、海上に一方的にラインを引く。そして、この「李承晩ライン」までは韓国の領土だと宣言した。その後、竹島には沿岸警備隊が常駐し、韓国が実効支配*している。

＊サンフランシスコ平和条約
第二次世界大戦を終結させるため、日本と連合諸国が結んだ講和条約。1952年の発効により、日本は独立を回復した。同条約では、竹島は日本が放棄すべき領土には入っていない。

＊実効支配
対立している相手国や第三国の承認を得ないまま、その地を実質的に統治すること。

竹島を巡る日韓の軋轢《あつれき》

「国際法で決着を！」と迫る日本、
あくまでも拒否する韓国。
主張は平行線のまま、実効支配が続く。

北朝鮮を監視するのに絶好の場所だからほしい？

韓国は「李承晩ライン」*の設定以来、竹島の領有権をまったく譲る気配がない。沿岸警備隊を常駐させるだけではなく、いまでは島に灯台や監視所、無線電信所なども設置している。いつの間にそこまで……と驚くばかりの実効支配。領有権を巡って、日韓は長らく綱引きを続けているが、残念ながら日本が劣勢なのは否めない。だが、明らかに日本領土*なのだから、あきらめるわけにはいかない。

韓国の強硬な姿勢を見て、これではいつまでも平行線のままだと日本は判断。1954年、62年、2012年の3回、国際司法裁判所*で決着をつけようと、共同提訴を韓国に持ちかけた。だが、いずれも拒否*される。

韓国がこれほど強く竹島をほしがるのは、島周辺の排他的経済水域*の確保、北朝鮮の監視に絶好といった理由があるといわれる。

＊李承晩ライン
→P99

＊明らかに日本領土
「歴史的事実に照らしても、かつ国際法上も明らかに日本固有の領土です」と外務省ホームページ。また、2016年度から、全国すべての中学校で使用される社会科教科書に日本の領土と書かれている。

＊国際司法裁判所
国連の司法機関。当事者双方が応じなければ受理してもらえない。

＊拒否
韓国は裁判では分が悪いと考え、拒否している

「李承晩ライン」はどこに引かれた？

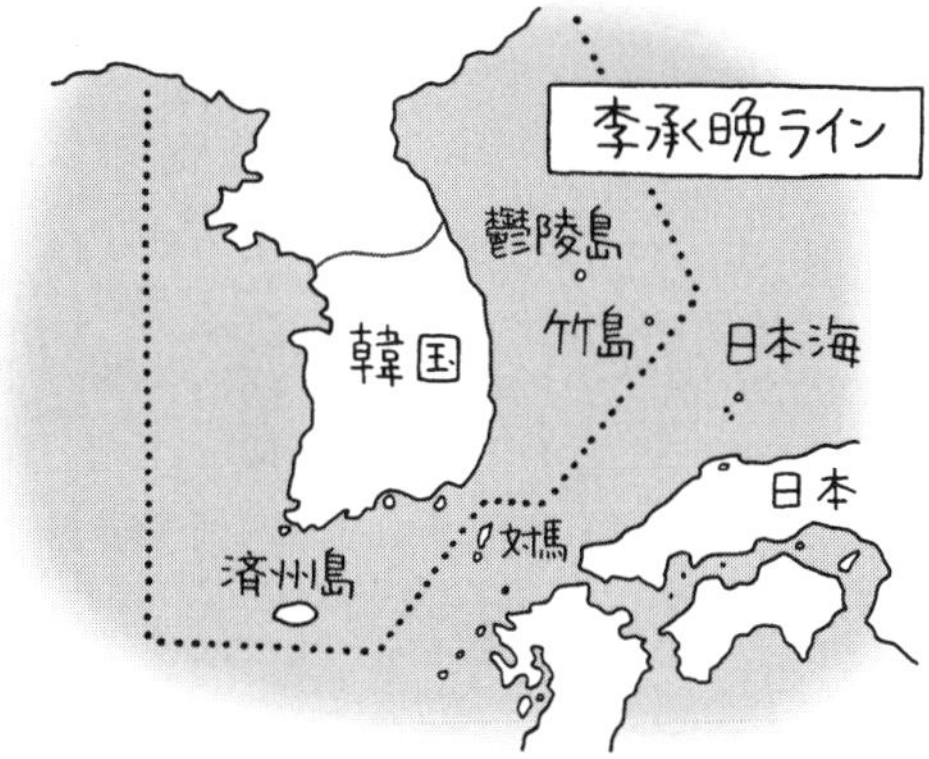

韓国大統領が上陸し、日本は強く抗議！

21世紀に入っても、竹島の領有権を巡る対立は収まらない。2005年に島根県が「竹島の日」を制定したときには、韓国で大反発*が起きた。一方、2012年8月には韓国の李明博《イ・ミョンバク》大統領（当時）が竹島に上陸*。今度は日本が韓国に強く抗議し、日韓関係は悪化した。現在も竹島領有権の解決に向けて、明るいきざしは見えない。

なお、他国はこの問題には触れないほうがいいと考えているようで、渦中の島のことを「リアンクール岩礁*」という別名で呼んでいる。

と思われる。

＊排他的経済水域 国連の海洋法条約に基づいたルール。領土から200海里（約370㎞）までの水域は、海底資源も含めて、その国が優先的に利用できる。

＊韓国で大反発 韓国では竹島を「植民地支配のシンボル」とする見方もあり、強硬な姿勢を取る要因の一つになっている。

＊竹島に上陸 当時、李大統領の側近や親族に金銭がらみの不祥事が相次ぎ、支持率が大きく低下。そこで、国民の視線をかわすために行ったといわれている。

＊リアンクール岩礁 江戸時代にフランスの捕鯨船「リアンクール号」が見つけたことに由来する名称。

朴槿恵、大統領就任

2012年

韓国初の女性&親子2代の大統領。父は大の親日家だったため、日韓関係の改善が期待されたが…。

父は韓国史上、最高の大統領との評価

2012年12月19日、日本から近くて遠い国で大統領選挙*が行われた。選挙戦は与党セヌリ党の朴槿恵《パク・クネ》、野党である民主統合党の文在寅《ムン・ジェイン》による事実上の一騎打ち。開票率が88%になったとき、朴槿恵の投票率は51・6%を示し、48%にとどまった文在寅は敗北を受け入れた。選挙自体の投票率は75・8%と非常に高く、国民の注目を大いに集めた選挙戦だった。

勝利した朴槿恵は2013年2月25日、第18代韓国大統領に就任。韓国初の女性大統領で、また初の親子2代の大統領でもあった。父の朴正熙《パク・チョンヒ》は第5代〜9代大統領。朝鮮戦争後、「漢江《ハンガン》の奇跡*」といわれる短期間での急激な経済成長を牽引した優れた政治家で、韓国史上最高の大統領と評価されることも多い。その長女、朴槿恵に寄せる国民の期待が極めて大きかったのも当然だろう。

＊大統領選挙
現在、韓国大統領は1期限りで再選はない。任期は5年。国民による直接選挙で選ばれる。

＊漢江の奇跡
朴槿恵は大統領就任演説で、「第二の漢江の奇跡を成し遂げる」と宣言した。

慰安婦や領土問題で、意外なほど強硬な姿勢！

朴槿恵に期待したのは韓国の国民ばかりではない。父の朴正熙は1965年、周囲の大反対を押しきり、日韓国交正常化を実現させた人物で、大の親日家としても知られる。その娘が大統領になったのだから、悪化*した日韓関係の修復ができるのではないか——日本でもこんな期待が膨れ上がった。

朴槿恵も「日本と協力し、未来に向けてともに協議する」と選挙で公約。だが、意外にも大統領就任後は領土問題、慰安婦問題などで強硬な姿勢を取り続け、日韓関係は一層悪化する。

＊悪化した日韓関係
大統領選の4か月前、李明博大統領（当時）の突然の竹島上陸によって、日韓関係は悪化した。↓P101

慰安婦問題が日韓合意

2015年

「歴史的な成果」と外相は自画自賛。しかし、慰安婦少女像の撤去など、簡単には解決しそうにない…。

慰安婦問題は解決済み！これが日本の立場だが…

朴槿恵大統領は慰安婦問題を重く見て、解決策を強く求めてきた。しかし、日本はそう簡単に応じるわけにはいかない。１９６５年の日韓請求権協定*により、慰安婦問題は完全に解決済み、というのが日本の立場だからだ。

とはいえ、１９９３年にはいわゆる「河野談話」の中でおわびを表明し、９５年には「アジア女性基金*」を設立するなど、その後も韓国に配慮してきた。しかし、韓国国内では反発が収まらず、なかなか落としどころが見つからなかった。

日韓の大きな火種は、本当に完全決着したのか？

そんななか、日韓国交正常化50周年を迎えた２０１５年12月、「歴史的、画期的な成果」と岸田文雄外相が自画自賛する合意にいたった。ポイントの一つは、「日本政府は責任を痛感する」

＊日韓請求権協定 日韓国交正常化に伴って締結。日本が韓国に無償3億ドル、有償2億ドルを支払うことで、両国及び国民の間での請求権問題を完全かつ最終的に解決したとする。ただ、請求権の具体的な対象が示されていないため、慰安婦や在韓被爆者などはこれに含まれていない、と韓国は主張している。

＊アジア女性基金 正式には「女性のためのアジア平和国民基金」。元慰安婦に各２００万円の「償い金」を支払った。しかし、名乗り出た約２４０人のうち、受け

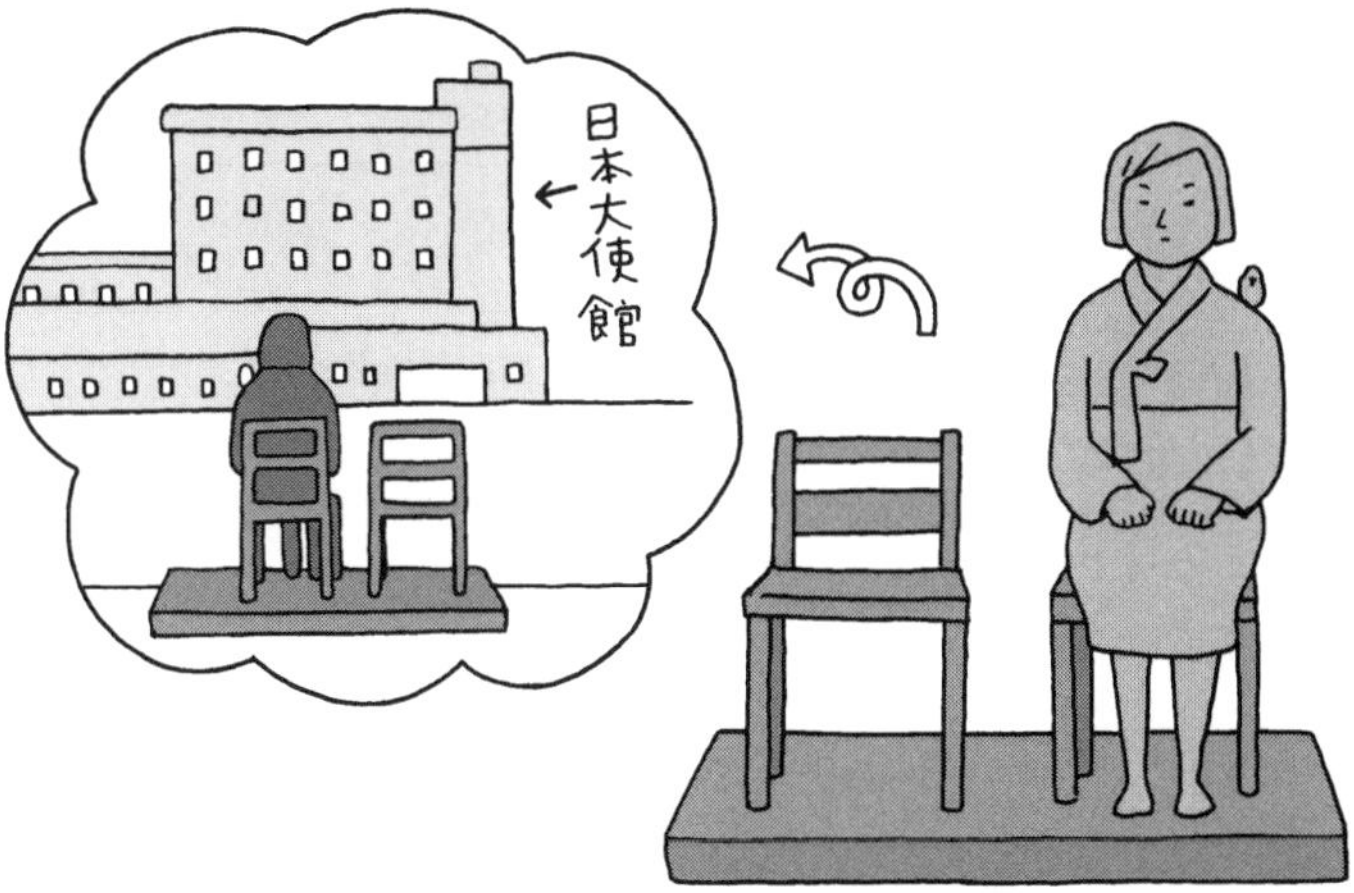

という表現。韓国側が求める「法的責任」ではないので、法的な謝罪や賠償については決着済み、と日本は主張することもできるわけだ。
　元慰安婦の具体的な支援については、韓国政府が財団を設立し、日本政府が10億円程度を支出する。そして、日本が撤去を求めてきた慰安婦少女像*は、韓国政府が関連団体との協議を通じて解決に努力することになった。
　日韓はこの合意を「最終的かつ可逆的に解決させる」としているが、さて、どうなるか。慰安婦少女像についても、韓国国民の6〜7割が撤去に反対というから、合意通りに事が運ぶのは容易ではなさそうだ。

取ったのは約60人にとどまった。２００７年、償い事業が終わったとして解散。

＊慰安婦少女像
２０１１年12月、ソウルの日本大使館前に初めて設置。日本は韓国に抗議したが、受け入れられなかった。その後、韓国国内やアメリカで設置が続いている。

韓国【年表】

1905年	1月	明治政府、竹島を隠岐島庁の所管とする。
1952年	1月	韓国の李承晩大統領、「李承晩ライン」を設定。
2005年	3月	島根県、「竹島の日」制定。
2011年	12月	慰安婦少女像、日本大使館前に設置。
2012年	8月	李明博大統領、竹島上陸。
		韓国に竹島領有権問題の国際司法裁判所への共同提訴を3度目の提案。
		韓国、提案を拒否。
2013年	2月	朴槿恵、大統領就任。
2015年	12月	慰安婦問題で日韓合意。

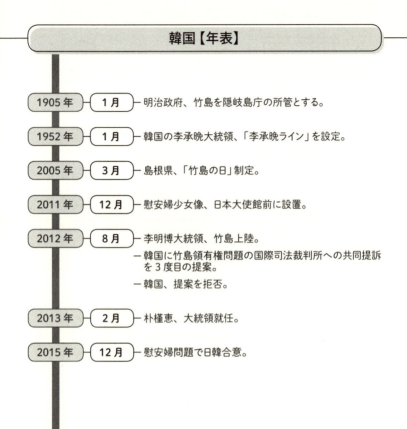

第6章
アメリカの世界戦略

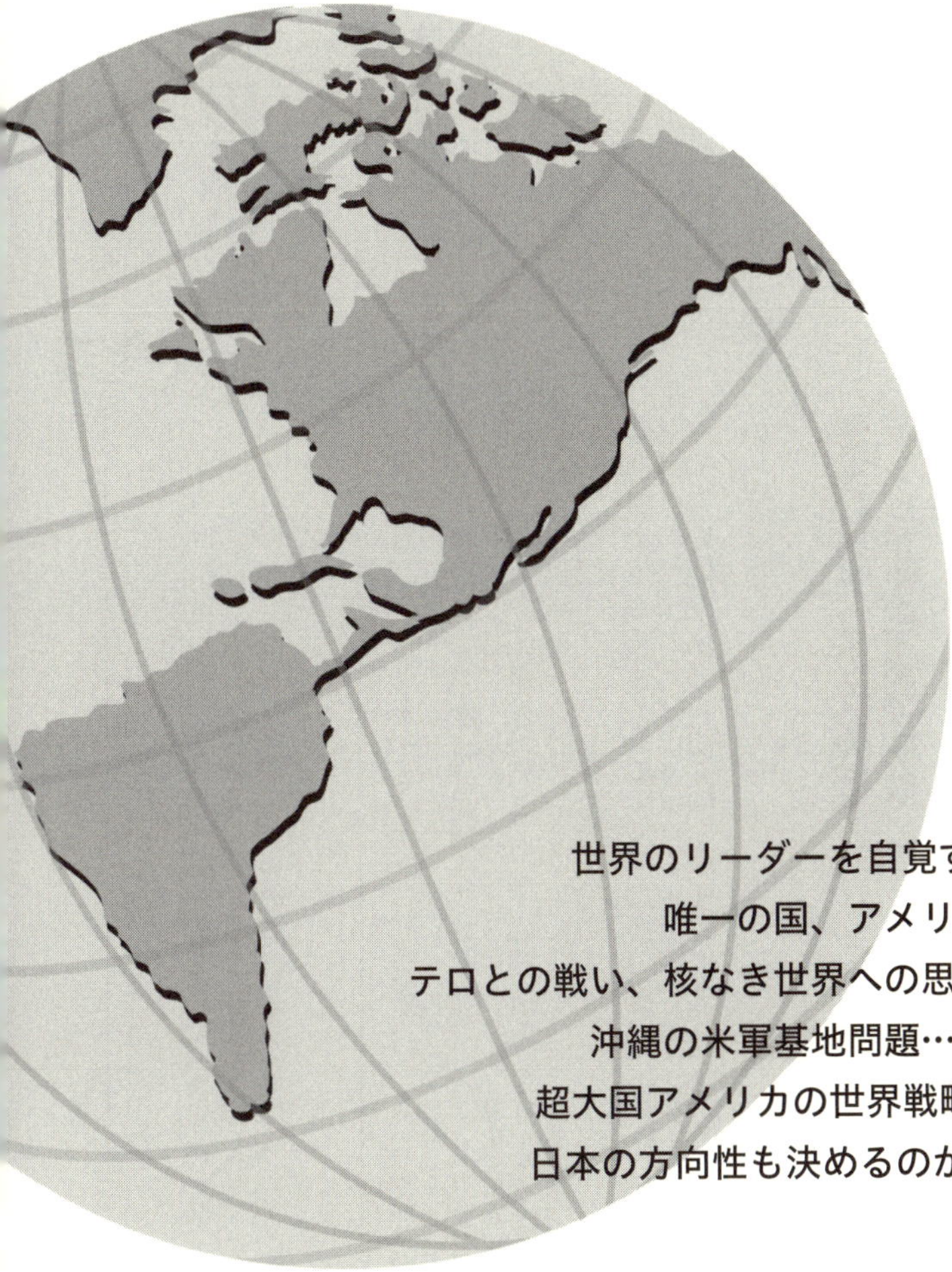

世界のリーダーを自覚する
唯一の国、アメリカ。
テロとの戦い、核なき世界への思い、
沖縄の米軍基地問題……。
超大国アメリカの世界戦略が
日本の方向性も決めるのか!?

テロとの戦い

2001年〜

アルカイダが起こした「9・11」は、大義のないイラク戦争をはじめ、悲惨な戦いの連鎖を生んだ…。

「戦争の10年から平和の未来へ」とオバマ大統領が演説

アメリカのバラク・オバマ*大統領は2011年9月11日、ワシントン市内などで開かれた追悼式典に出席。アメリカ国民の〝その後〟を「手痛い打撃からさらに強くなって再生した」と称えた。さらに、「アメリカの強さは、戦争の10年から平和の未来へと進むことで生まれる」と語りかけた。

追悼の対象はもちろん、2001年9月11日、アメリカで起こった同時多発*テロ事件による犠牲者だ。テロが発生し、対テロ戦争が起こり、その報復のテロが発生し……という悲惨な戦いの連鎖を生み出すことになったあの日、いったい何があったのか、まずはここから振り返ってみよう。

生々しいテロの現場をテレビが生中継で放映

9・11アメリカ同時多発テロ事件は、イスラム過激派、オサマ・ビン・ラデ

＊バラク・オバマ 2009年1月、第44代アメリカ大統領に就任。民主党所属。黒人の血を引く初めてのアメリカ大統領となった。

＊アメリカ同時多発テロ 死者約3000人、負傷者約6300人を出した史上最悪のテロ事件。8時46分（現地時間）からわずか1時間20分ほどの間に、4回のテロ行為が行われた。

インが率いる国際テロ組織「アルカイダ」が引き起こした。

テロリストたちはアメリカ国内でこの日の朝、4機の旅客機を一斉にハイジャックする。まず、1機目がニューヨークにある世界貿易センタービルの北棟に突っ込んだ。

次に2機目が同じビルの南棟に突入する。3機目はワシントンの国防総省*ビルに激突。4機目はワシントンの連邦議会を標的としていたが、乗客の強い抵抗にあって、ピッツバーグ郊外に墜落した。

1機目が突っ込んだ直後から、現場の様子はテレビで生中継された。救出への願いも空しく、世界貿易センター

＊国防総省ビル
建物の形から、英語で五角形を意味する「ペンタゴン」と呼ばれる。「ペンタゴン」は国防総省そのものを指すこともある。

ビルが無残にも崩れ落ちる映像は、世界の人々に大きな衝撃を与えた。

イラク戦争とはいったい何だったのか？

この未曾有《みぞう》のテロに対し、アメリカの*ジョージ・ブッシュ大統領は断固たる態度で臨み、「テロとの戦い」を宣言。ブッシュ大統領の支持率は急上昇し、史上最高の90％に達した。

アメリカはテロリストたちが「アルカイダ」であると特定。ビン・ラディンがアフガニスタンの*タリバン政権にかくまわれていることを突き止め、引き渡しを求めた。しかし、タリバンは応じない。

ブッシュ大統領はタリバンをテロに協力する勢力とみなし、攻撃を決意。10月17日、アメリカとイギリスなどの有志連合がタリバン政権に対する空爆を開始した。

有志連合の圧倒的な軍事力に加え、国内の反タリバン勢力の蜂起もあって、タリバン政権はあっさり崩壊。しかし、ビン・ラディンの行方はわからず、捕えることはできなかった。

「9・11」後、ブッシュ大統領はイラク、イラン、北朝鮮の3国を「悪の枢《すう》軸《じく》」と非難。特にイラクに対しては、*大量破壊兵器を隠し持っていると強く警戒。イラクは1997年以来、国連の大量破壊兵器の査察を妨害したり、

＊ジョージ・ブッシュ大統領
ジョージ・ウォーカー・ブッシュ。保守的なことで知られるテキサス州の知事を経て、2000年、第43代大統領に就任し、04年に再選。共和党所属。「9・11」直後は史上最高の支持率を得た一方、終盤には史上最低の支持率になった。父親は第41代大統領ジョージ・ハーバート・ウォーカー・ブッシュ。

＊タリバン
ソ連のアフガニスタン侵攻後、内戦の中から生まれた武装勢力。アフガニスタンのほぼ全域を実効支配し、2001年3月には世界遺産であるバーミヤンの古代遺跡を破壊した。

＊大量破壊兵器
核兵器、化学兵器、生物兵器、放射線兵器など

拒否したりするようになっていたのが理由だ。2003年3月、アメリカはついにイラクとの戦争に踏みきった。

アフガニスタンのときとは異なり、フランスやドイツはこの動きに強く反対した。これに対して、日本の小泉純一郎首相はアメリカを支持して、自衛隊をイラクに派遣*。非戦闘地域が対象ではあったが、戦争が行われている国に初めて自衛隊が派遣された。

「バカな戦争」と批判したオバマが終戦を宣言

このイラク戦争もアメリカが短期間で勝利し、サダム・フセイン大統領は逮捕された。5月には「大規模戦闘終結宣言」が出されたが、結局、ブッシュ大統領が戦争の根拠とした大量破壊兵器は見つからなかった。

それから7年後の2010年8月31日、最終的に「戦闘終結宣言」を行ったのは、上院議員時代に「イラク戦争はバカな戦争だ」と非難したオバマ大統領だった。

ブッシュ大統領が血眼《ちまなこ》になって探したビン・ラディンは2011年5月2日、潜伏先のパキスタンでアメリカ軍によって殺害された。これを受けて、オバマ大統領はニューヨークの「グラウンド・ゼロ*」を訪れて追悼した。式典にはブッシュ前大統領も招待されたが、出席は〝遠慮〟したという。

の極めて危険な兵器の総称。

＊自衛隊をイラクに派遣
イラク戦争の前年に成立した法律「イラクにおける人道復興支援活動及び安全確保支援活動の実施に関する特別措置法（イラク特措法）」による派遣。2009年にすべて撤退した。

＊グラウンド・ゼロ
世界貿易センタービルの跡地のこと。広島・長崎の爆心地も同じ呼び方をされている。

「核なき世界」へ

2009年〜

アメリカ大統領として初めて、「核のない世界」を目指すと宣言！
広島を訪問し、改めて決意を表明した。

核のない平和な世界へ！〝Yes we can〟

冷戦はずっと前に終わったというのに、なかなか進まない核軍縮。2009年4月5日、アメリカ大統領に就任後間もないバラク・オバマが、この状況を打ち破ろうと果敢に動いた。

「核のない平和で安全な世界を目指す」と、アメリカの姿勢をはっきり信念を持って表明する。〝Yes we can〟と外遊中のプラハで宣言したのだ。「核抑止力は当面維持する」としたうえでの〝究極の目標〟ではあるが、核大国のトップによる「核なき世界」に向けた訴えは初めてだった。

オバマ大統領はこの働きかけにより、2009年のノーベル平和賞*を受賞。「核なき世界の理念は、軍縮や軍備管理交渉に力強い刺激を与えた」「オバマ氏ほど、より良い世界への希望を人々に与え、世界から注目を浴びた者はまれだ」とノーベル賞委員会は授賞理由を述べた。

***ノーベル平和賞**
受賞した政治家にはソ連の最初で最後の大統領であるミハイル・ゴルバチョフ、アメリカのジミー・カーター大統領、日本の佐藤栄作首相などがいる。

世界の核弾頭数は？

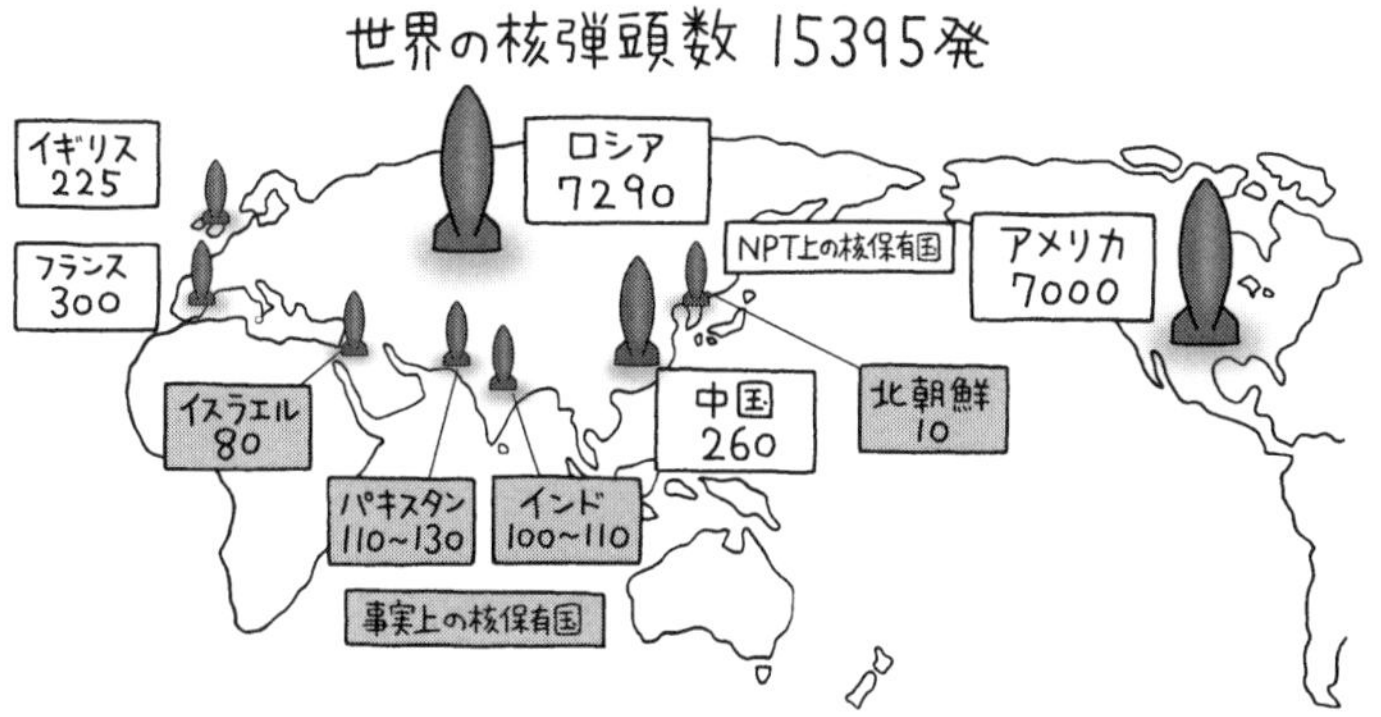

（2015年1月、ストックホルム国際平和研究所）

核軍縮をロシアと直談判、テロ対策のサミットも提案

「核なき世界」に向けて、オバマ大統領は精力的に動く。核軍縮の交渉相手になったのは、アメリカと並ぶ核大国*、ロシアのドミトリー・メドベージェフ大統領だ。この２大国の取り組みなくして、核軍縮は進まない。

２０１０年４月、両大統領は「新戦略兵器削減条約（新ＳＴＡＲＴ）」*に署名。２０１８年までに戦略核兵器の核弾頭数をこれまでの上限よりも30％少ない１５５０発まで減らし、弾道ミサイルなどの運搬手段もこれまでの上限の半分の８００まで減らすことで合

＊核大国
当時、世界に２万発以上あった核弾頭の９割以上をアメリカとロシアが所有していた。

＊新戦略兵器削減条約（新ＳＴＡＲＴ）
１９９１年、アメリカとロシアの間で結ばれた史上初の戦略核兵器削減条約「戦略兵器削減条約（ＳＴＡＲＴ）」の後継条約。

意し、11年2月に発効した。
核を使ったテロに対しても対策は急を要する。オバマ大統領は核によるテロ防止を目指すサミットを提唱。2010年4月、47か国が参加する「核保安サミット*」が開催され、プルトニウムなどがテロ集団の手に渡ることを阻止すべく、核セキュリティの向上などについて意見交換した。

北朝鮮が相次いで核実験、プーチンも恐ろしい発言を

高い理念を持ち、「核なき世界」に向けて進むオバマ大統領。しかし、世界の足並みは揃わない。核軍縮の潮流をまったく気にしないのが北朝鮮だ。

オバマ大統領をあざ笑うかのように、2009年、13年、16年*と、立て続けに核実験を強行した。さらに中国やインド、パキスタンも近年、核開発に力を入れている。

2015年3月にはロシアのプーチン大統領が信じられない発言をする。ウクライナ危機*でクリミアを併合する際、「核兵器を使う用意があった」とはっきり言ったのだ。ロシアは本気なのか?と世界は大いに驚いた。

アメリカ国内でも、オバマ大統領が示した指針に逆行する動きがある。あらゆる核実験を禁じる「包括的核実験禁止条約*」（CTBT）に、共和党が多数を占める上院が賛成しないので、

＊核保安サミット
「核安保サミット」「核セキュリティサミット」とも呼ばれる。2010年、12年、14年、16年の4回開催され、オバマ大統領が2017年に退任することにより終了した。4回目のサミットには、ウクライナ問題などでアメリカと対立するロシアからの出席はなかった。

＊2016年の核実験
「朝鮮半島周辺での米韓合同軍事演習を中止すれば、核実験を中止する用意がある」と北朝鮮が提案したが、オバマ大統領は一蹴した。

＊ウクライナ危機
→P126

＊包括的核実験禁止条約（CTBT）
宇宙を含むあらゆる空間での核実験を禁止す

批准にいたらない。就任中の批准はまず無理だ。

一方、明るい出来事もあった。2016年1月、イランに対してアメリカやEUなどが行っていた経済制裁を解除したのだ。イランが核開発を制限するという、欧米との合意が守られたのが理由。これでひとまず、中東における核戦争の恐れが遠ざかった。

では、「核なき世界」に向けた日本の姿勢はどうか。唯一の被爆国として、もちろん異論があるわけはない。しかし、抑止力としてアメリカの〝核の傘〟を当てにしているのが現状。*国連の核軍縮作業部会でも、日本は核兵器禁止条約交渉に賛同していない。

活動の締めくくりとして、ヒロシマを訪問

オバマ大統領は2016年5月27日、アメリカの現職大統領として初めて広島を訪問。平和記念公園で核廃絶に対する決意を改めて表明した。「核なき世界」の活動を締めくくるには、最も相応しい場所だったかもしれない。

「核なき世界」への道のりは険しい。オバマ大統領もプラハと広島の演説で、「私が生きている間には達成できないかもしれない」と述べている。しかし、広島では「たゆまぬ努力によって、悲劇が起きる可能性は減らすことができる」とも語った。

る条約。1996年に国連総会で採択された。核保有国と核開発能力があるとされる44か国の批准が必要だが、アメリカや中国など8か国が批准していない。北朝鮮、インド、パキスタンは署名すらしていない。核拡散防止条約（NPT→P93）についても、北朝鮮は脱退し、インドとパキスタン、それにイスラエルは加盟していない。

＊国連の核軍縮作業部会
2016年5月、第2回会合が開催。核未保有国が核禁止条約制定を急ぐが、日本や北大西洋条約機構（NATO）諸国は反対。核保有国であるアメリカ、ロシア、イギリス、フランス、中国は欠席していた。

アメリカとキューバ、国交回復

2015年

アメリカはオバマ大統領の功績作り、キューバは経済成長の起爆剤に。世界屈指の「犬猿の仲」が歩み寄り！

キューバは革命以前、アメリカの半植民地だった

2014年12月、オバマ大統領は歴史的な外交上の大仕事に乗り出した。アメリカが半世紀以上も敵対視し続けてきたキューバを相手に、国交正常化に乗り出すと宣言したのだ。

アメリカとキューバは世界でもよく知られる犬猿の仲。なぜここまで仲が悪くなったのか、歴史を振り返ってみたい。キューバは大航海時代*以来、長らくスペインの植民地だったが、20世紀初頭に独立。その独立戦争でキューバを支援したのがアメリカだった。

キューバはせっかく独立したものの、今度はアメリカの支配下に置かれ、やがて半植民地になってしまう。親米政権への不満が渦巻く中、立ち上がったのがフィデル・カストロ*たちだ。1959年にキューバ革命が成功すると、新政権はキューバ内にあるアメリカ系資本の土地を取り上げ、企業の国有化も強引に進めた。これにアメリカは激

＊大航海時代
1942年、クリストファー・コロンブスの第一次航海で〝発見〟され、その後、スペインに征服された。

＊フィデル・カストロ
1926年生まれ。キューバ革命を起こして、国の最高指導者となる。2008年まで、国家元首である国家評議会議長を務めた。

怒し、1961年にキューバと国交を断絶する。

当時は東西が対立する冷戦時代。キューバはアメリカに対抗するため、ソ連に近づき、国の体制を社会主義に変えていった。両者の関係はさらに悪化し、1962年には核戦争寸前になる*キューバ危機まで起こった。

オバマ大統領の最後の大きな功績作りか？

互いに敵国とみなし、忌み嫌ってきたアメリカとキューバ。なぜ、国交回復にいたったのか、まずはキューバ側の事情から探ってみよう。

砂糖作りくらいしか産業のないキュ

＊キューバ危機
1962年10月、アメリカ軍の偵察機がキューバでソ連の核ミサイル施設が建設されていることを発見。アメリカはキューバを海上封鎖し、ソ連にミサイル撤去を求めた。当初は両国が譲らず、あわや核戦争という事態になった。

ーバは、長い間、ソ連の援助を頼りにしてきた。しかし、そのソ連が1991年にまさかの崩壊。キューバはたちまち苦境に陥った。その後、市場主義経済を一部取り入れてみたが、なかなかうまくいかない。

そこで、外国からの投資も増やし、経済改革を一層進めるため、アメリカとの関係改善を目指した。要するに、国を成長させるための起爆剤として期待しているのだ。近年はアメリカに移住する若者も多く、アメリカに対するかつての抵抗感が薄れてきたことも、国交回復に向けて後押しした。

では、アメリカの思惑はどうか。一つは、任期が残り少なくなったオバマ大統領の功績作りという意味合いがある。国連総会が毎年、アメリカのキューバへの経済制裁の停止*を求めていることも影響したのではないか。加えて、カリブ海に浮かぶキューバが戦略上重要な位置にあること、さらに中南米に接近している中国へのけん制*という狙いもありそうだ。

日本も大きな期待！キューバへのODA拡充へ

2015年1月、両国の代表団が国交正常化に向けた交渉を始めた。4月にパナマで開催された米州サミット*には、ラウル・カストロ国家評議会議長*が初参加し、オバマ大統領との首脳会

＊キューバへの経済制裁の停止
2015年10月の国連総会では、24年連続でキューバへの経済制裁解除を求める決議が採択。賛成が191か国なのに対して、反対はアメリカとイスラエルだけだった。

＊中国へのけん制
近年、中国は中南米諸国に経済援助を行い、影響力を強めている。

＊米州サミット
南北アメリカ諸国の首脳が参加するサミット。1994年から開催されているが、キューバは

アメリカとキューバを巡る歴史

1902年	キューバが独立
1959年	キューバ革命で、フィデル・カストロ政権樹立
1960年	キューバが外国民間企業を接収
1961年	アメリカと国交断絶
1962年	アメリカが全面禁輸制裁、キューバ危機
1982年	アメリカがキューバを「テロ支援国家」に指定
1991年	ソ連崩壊、ソ連からの支援ストップ
1993年	キューバで外貨所持解禁、自営業許可
2001年	アメリカから40年ぶりに食料購入再開
2002年	カーター元大統領がキューバ訪問
2009年	オバマ大統領が対キューバ強行路線からの方針転向

談も行われた。5月末には「テロ支援国家」の指定を解除。そして、7月20日、両国で互いの大使館が再開し、54年ぶりに国交が回復した。

日本もこの動きに注目しており、4月末から5月にかけて、岸田文雄外相がキューバを訪問。キューバに対する政府開発援助（ODA）を拡充する考えを伝えた。アメリカの対キューバ経済制裁が緩むと、日本企業もキューバに進出しやすくなるはずだ。

ただ、経済制裁の解除については、議会で多数派の共和党が反対している。しかも、アメリカでは2016年11月に大統領選が控えている。二国の関係は、まだまだ予断を許さない。

最初から排除されていた。

＊ラウル・カストロ 1931年生まれ。兄のフィデル・カストロとともにキューバ革命を起こした。2008年、フィデルの後継者として、国家評議会議長に就任。

沖縄米軍基地問題

本土復帰前、沖縄にどんどん移設。米軍再編で日米は合意しているが、問題に直面する沖縄は納得しない。

米軍基地はかつて、沖縄以外にも数多くあった！

「辺野古《へのこ》への移設はもう決まったことだ」という国に対して、「いや、あくまでも反対だ」と沖縄県は強く反発する。一向に解決に向かわない、米軍普天間基地の移設問題。そもそも問題なのは、米軍基地が沖縄に集中し過ぎていることだ。

沖縄県内には34施設の米軍基地があり、面積はトータルで2万3000haに及ぶ。米軍専用基地の日本に占める割合は約74%*。いかに沖縄が負担を強いられているかがわかる。

じつは、かつては沖縄以外の日本各地にも多くの米軍基地があった。しかし、戦後が遠くなるにつれ、多くの土地で地元住民の強い反対運動が起きた。その結果、まだ本土復帰前*でアメリカ領だった沖縄に次々移転*した。〝本土〟から目の届かない場所に基地を集め、〝日本人〟の目から隠したのだともいわれる。

＊約74%
米軍専用基地のほか、自衛隊基地を米軍が共同で使用している施設もある。これを含めると、沖縄にある米軍基地の割合は約23%になる。

＊本土復帰前
沖縄は1972年に日本に復帰するまでアメリカの領土だった。

＊沖縄に次々移転
現在、沖縄の米軍基地の主力である海兵隊は、1950年代に岐阜県などから移転してきた。

沖縄の米軍基地はどこにある?

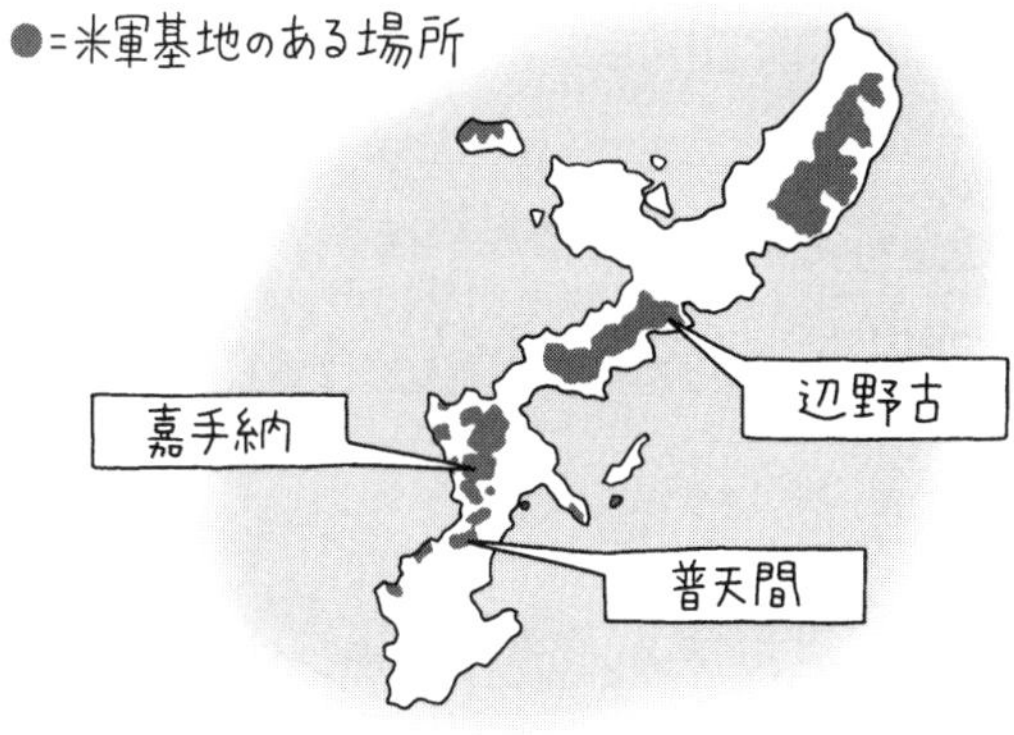

辺野古移設を条件に6施設を返還するというが…

日本とアメリカは2006年、米軍再編で合意している。普天間基地の辺野古移設を条件に、海兵隊の大半をグアムに移転し、嘉手納《かでな》以南の米軍基地6施設を返還するというものだ。

その後、民主党鳩山政権の失態*、沖縄県知事の交代などにより、問題は一層複雑化してしまう。移設問題がこう着する中、2016年には元米兵の軍属による女性殺害事件など、米軍関係の事件が相次いだ。沖縄県民の怒りはさらに高まり、解決の糸口はまったく見えてこない。

***鳩山政権の失態**
「最低でも県外」を掲げるも、徳之島などの移設候補先にことごとく大反対され、移設先を先の自民党政権案である辺野古沖に変更。沖縄県民の激しい怒りを買った。

アメリカ【年表】

2001年	9月	アメリカ同時多発テロ事件、発生。
	10月	アメリカ、アフガニスタン空爆。
2003年	3月	イラク戦争、開戦。
2006年	5月	日米政府、米軍再編合意。
2009年	1月	バラク・オバマ、大統領就任。
	4月	オバマ大統領、「核なき世界」への決意表明。
	10月	オバマ大統領、ノーベル平和賞の受賞決定。
2010年	4月	オバマ大統領、「新戦略兵器削減条約」に署名。
		「核保安サミット」開催。
	8月	イラク戦争、大規模戦闘終結宣言。
2014年	12月	オバマ大統領、キューバとの国交正常化に乗り出すと宣言。
2015年	7月	アメリカとキューバ、国交回復。
2016年	1月	欧米のイランに対する経済制裁、解除。
	5月	オバマ大統領、広島訪問。

第7章

ロシアと周辺諸国の衝突

かつての超大国の行動が
近年、どんどん大胆になってきた。
周辺国は、親ロシアか否かで、
その運命が決まるといっていい。
ソ連崩壊で失った自信を取り戻し、
復活を果たしたロシアのいまを探る！

ウクライナ危機の勃発

2014年

東部は親ロシア派、西部は親EU派。複雑な事情のウクライナで、親ロシア派の政策に親EU派が反発！

国としてまとまりのないウクライナが舞台に

この対立により、世界は「冷戦」時代に引き戻されるのではないか……。こう懸念され、いまも完全に収まったとはいえないのがウクライナ危機だ。

ウクライナは1991年、旧ソ連の崩壊に伴って独立した。しかし、17世紀には東部はロシア、西部はポーランドに組み込まれたこともあり、*文化や宗教面ではまとまっていない。

また、紛争の主役となるクリミア半島はもともとロシア領だったが、1954年に*ウクライナに編入されたという歴史がある。こうした背景により、ウクライナ東部とクリミア半島にはロシア人が多かった。一方、*西部はウクライナ人が大半だった。

ロシアにすり寄る大統領に親EU派の不満が爆発！

独立後、親ロシア派と親EU派は何とかバランスを保ってきたが、201

＊文化や宗教面
大別すれば、言語は東半分がロシア語で、西半分がウクライナ語を話す。宗教は東半分がロシア正教で、西半分がカトリック。ウクライナ全体ではウクライナ人のほうが多い。

＊ウクライナに編入
ロシアとウクライナの統一300周年を記念して、ソ連のフルシチョフ共産党第一書記が、黒海を臨むリゾート地として名高いクリミアをウクライナに〝プレゼント〟した。以来、クリミアはウクライナのなかでも自治共和国として、特別扱いされてきた。

ウクライナはどこにある?

3年11月、親ロシア派のヤヌコビッチ大統領がやり過ぎてしまう。親EU派の前政権が決めていたEU寄りの方針*をいきなり中止し、逆に大きくロシア寄りにかじを切ったのだ。

この大幅な方針転換に西部の住民が激怒し、首都キエフの独立広場を3か月にわたって占拠するなど、大規模なデモや暴動が起こった。デモ隊への発砲によって100人以上が死亡するという惨事も発生。ヤヌコビッチ大統領は混乱を収拾することができず、ロシアに逃亡する。2014年2月、大混乱のウクライナに、親EU派による暫定政権が誕生。だが、この状況をロシアが黙って見ているわけはなかった。

＊西部はウクライナ人
自分たちはヨーロッパの一部だと考えていた。

＊EU寄りの方針
EUとの連携を深める「連合協定」締結に向ける作業を中止。方針を180度変えて、ロシアから150億ドルの支援を受けることを決めた。

ウクライナ危機

2014年〜

ロシアの筋書きで住民投票を実施。クリミア半島が併合され、大紛争に！停戦合意したものの、不安定のまま…。

不凍港がほしいロシアがクリミア半島を併合！

ウクライナに親ＥＵ派の暫定政権が誕生しても、国内情勢は安定に向かわない。それどころか、ますます収拾がつかなくなっていく。

親ＥＵ派が主導権を握ったこの政変に、ロシア系住民が多いウクライナ東部や*クリミア半島では不満が募る。その背後にいるロシアも、当然、強く反発した。こうした状況下、クリミア半島に突如、ロシア軍と見られる謎の軍部隊が押し寄せ、議会などの主要な施設を占拠した。

２０１４年3月16日、この混乱のなか、クリミア半島ではウクライナにとどまるか、ロシア連邦に編入されるかを問う住民投票が行われる。ウクライナが投票中止を求めるなか、住民投票はクリミア自治共和国と、重要な軍港を持つセヴァストポリ特別市で行われた。結果は97％という圧倒的多数がロシア編入に賛成。これを受けて、ロシ

＊クリミア半島は不満
ウクライナ独立当初から分離独立を求めていた。

アはクリミア半島を自国に編入すると一方的に表明した。

どう見ても、このシナリオを書いたのはロシアだ。ロシアがクリミア半島にこだわる理由の一つは、セヴァストポリにある冬でも凍らない軍港を手に入れたいからだと見られている。

東部の親ロシア派がウクライナ軍と衝突

武装部隊による占領下、ウクライナ政府の承諾を得ることなく行われた住民投票。こんなものをウクライナ政府が承認するわけがなく、激しく反発する。国連総会も賛成100、反対11で、クリミア併合を無効とする決議を採択した。

さらに、EUやアメリカなどもロシアを批判した。ただし、EUは当初、ロシア制裁について慎重だった。EUにとって、ロシアは巨大なマーケット*で、天然ガスの供給地でもあるため、強い対応はしにくいのだ。

国際社会から非難を受けても、ウクライナ国内の親ロシア派の攻勢は止まらない。東部のドネツク州とルガンスク州で、クリミア半島同様にロシア編入を求めて、親ロシア派勢力が政府庁舎などを次々と占拠し、ウクライナ軍と軍事衝突した。この裏で糸を引いていたのは、やはりロシアだと見られている。

＊ロシアは巨大なマーケット
EUにとって、ロシアはアメリカ、中国に次いで、3番目に大きな貿易相手国。

ロシアを刺激したくない。これが日本の本音

ウクライナ危機が起こった2014年。予定では6月にロシアで「主要8か国首脳会議（G8サミット）」*が開かれることになっていた。しかし、欧米諸国とカナダ、日本がこれをボイコットする。ソ連が崩壊して以降、ロシアと欧米がここまで強く対立したことはなかった。

とはいえ、日本にとっては遠く離れた地の国際紛争。さほど影響はないのでは?と思えば、そんなことはない。2013年4月、安倍晋三首相はロシアを訪問。北方領土問題について、交渉の加速化で合意していたのだ。

それから1年足らずで起こったウクライナ危機。ロシアを非難するアメリカに、日本は歩調を合わせざるを得ない。結果、日ロ関係は一気に悪化した。北方領土問題の解決に向けて、ロシアとの関係はこれ以上悪くしたくない。これが日本の本音だ。

停戦合意はしたものの…いまも争いは止まらない

2014年7月、ウクライナ東部で起こったマレーシア機撃墜事件*を機に、欧米は対ロシア制裁を強化する。その後も親ロシア派と親EU派の戦闘は続いたが、9月にようやく停戦で合意。

＊主要8か国首脳会議
アメリカ、イギリス、フランス、西ドイツ、イタリア、日本、カナダ、ロシアの「G8」は、2014年にロシアが参加停止になったことで、冷戦時代の「G7」に戻った。

＊マレーシア機撃墜事件
ドネツク州の親ロシア派支配地域で起こり、298人の乗客全員が死亡した。親ロシア派がウクライナ軍機と間違って撃墜したと、欧米が非難。ロシアは否定した。

だが、ほとんど守られず、犠牲者は増え続けた。

冷戦につなげないためにも、本気で停戦させなければと、2015年2月、当事者であるロシアのプーチン大統領とウクライナのポロシェンコ大統領*、それに仲介役としてドイツのメルケル首相、フランスのオランド大統領も加わって、ベラルーシの首都ミンスクに集合。16時間にわたる協議の末、停戦の合意文書をまとめた。

しかし、合意した内容は完全に履行されてはいない。親ロシア派は武器を手放さず、すきあらば勢力拡大を狙う。ウクライナの情勢はいまも不安定なままで、局地的な戦闘は続いている。

＊ポロシェンコ大統領
2014年5月の大統領選挙で就任。菓子会社の社長で「チョコレート王」ともいわれる。親EU派。

シリア空爆

～2016年

ＩＳの壊滅を建前に空爆開始。
しかし、本音は欧米が退陣を迫る
アサド政権を支援することだった！

有志連合とは逆に、シリアの反体制派を爆撃！

シリア国内で勢力を伸ばしてきたイスラム過激派「*イスラム国」（ＩＳ）。これを掃討するため、アメリカが率いる*有志連合は２０１４年８月以来、ＩＳの拠点を*空爆してきた。２０１５年９月からは、さらにロシアがシリア空爆に参加した。何と、ロシアがアメリカの仲間に加わったのだろうか？　もちろん、そんなことはあり得ない。

有志連合はアサド大統領の退陣を迫っている。そのアサド政権を支援しているのがロシアなのだから、有志連合と足並みを揃えるわけがない。それどころか、ロシアは有志連合の空爆を「国際法違反」と非難。一方、自らの空爆は「アサド政権が了承しているので合法」という理屈をつけた。

ロシアの空爆の名目は、ＩＳなどのテロ組織の壊滅。だが、これはただの建前で、アサド政権を支援する意味合いのほうが強い。実際、ロシアは有志

＊イスラム国（IS）
→P36

＊有志連合
アメリカ、イギリス、フランス、オーストラリア、ベルギー、カナダ、デンマーク、オランダ、バーレーン、アラブ首長国連邦（UAE）が参加。

＊空爆
日本はISを強く非難しつつ、空爆などの軍事的な貢献はできない、という立場を取っている。

ロシアが発表したシリア空爆の成果

- ISの資金源となっていた石油関連施設の破壊 **209**か所
- 武装勢力の殺害 **2000**人以上、うち野戦司令官 **17**人
- 石油運搬車両などの破壊 **2912**台
- シリア人居住地の解放 **400**か所以上
- ISの支配地域 **1万**㎡縮小

連合が支援する反体制派の拠点も標的*にした。

旧ソ連圏以外では、ロシア初の大規模軍事介入

ロシアの空爆は５か月余りにわたって続き、２０１６年３月に電撃的に終わる。この間のロシア軍の出撃は１万回に迫った。チェチェンやジョージアなどの旧ソ連圏を除くと、ロシア初の本格的な軍事介入となった

ロシア軍の撤退については、プーチン大統領は「目的は達成した」と判断してのものだという。しかし、じつのところ、これ以上は軍事費が続かないのでは?という見方もある。

＊反体制派の拠点も標的　大勢の一般市民が巻き添えにもなった。イギリス拠点のシリア人権監視団は2016年1月20日、ロシアのシリア空爆で子ども238人を含む1015人の一般市民が犠牲になり、IS戦闘員893人、アルカイダ系の「ヌスラ戦線」など反体制派1141人が死亡したと発表した。

チェチェン紛争

～2009年

ソ連に組み込まれ、翻弄《ほんろう》された
イスラム教徒の地域が独立を目指し、
2度にわたって大きな紛争に！

ソ連とロシアに支配された辛い歴史

「イスラム国」（ＩＳ）の活動が大きな問題になる少し前、ロシアや周辺国で多くの犠牲者を出すテロ事件を引き起こした武装グループがいた。彼らはチェチェン人。なぜロシアで大規模テロが行われたのか、その理由は2回にわたって勃発した「チェチェン紛争」にある。

どのような紛争だったのかを知る前に、チェチェンという地域の成り立ちを理解しておこう。チェチェンは黒海とカスピ海にはさまれた地域。四国よりも少し小さな土地に、約１２０万人が暮らしている。そして、昔から住民のほとんどがイスラム教徒だ。

チェチェンはソ連とロシアに翻弄されながら歩んできた。まず、19世紀にロシア帝国に併合。ロシア革命後はソ連に組み込まれ、チェチェン・イングーシ自治共和国*として連邦の一員になった。

＊チェチェン・イングーシ自治共和国
チェチェン人とイングーシ人はお互いに近い民族で、ともにイスラム教のスンニ派を信仰する。

チェチェンはどこにある?

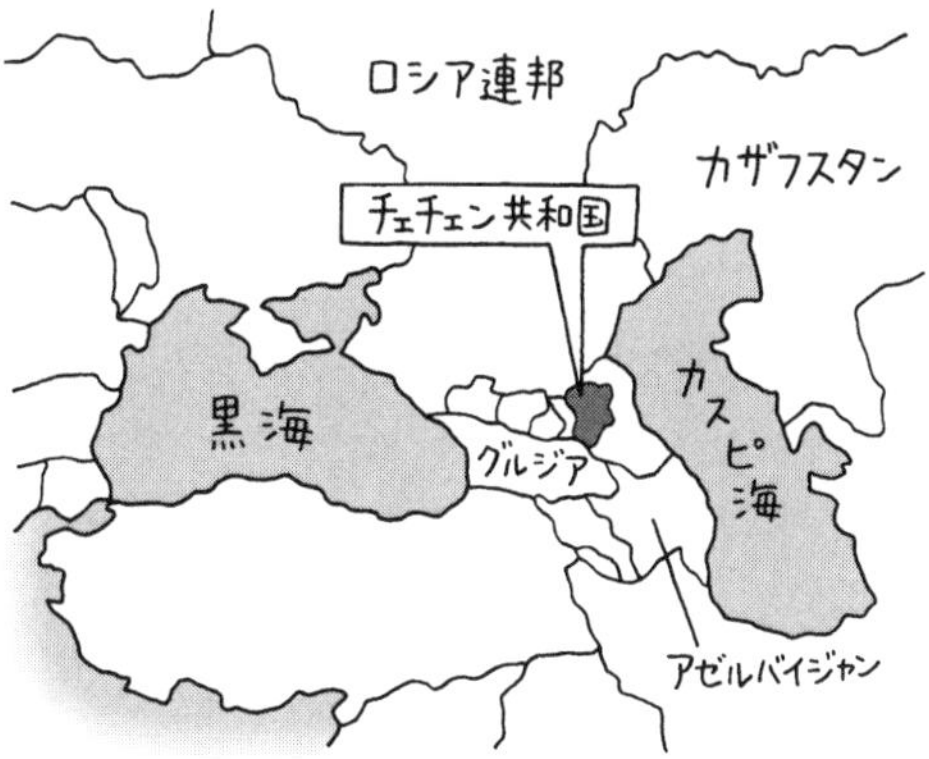

スターリンの強制移住で、住民が激減、国も消滅…

悲劇は第二次世界大戦中に起こる。当時の独裁者、スターリン*はさまざまな民族に対して、ドイツの協力者ではないかと疑心暗鬼になっていた。チェチェン人も疑われ、カザフスタンなどに強制移住させられ、過酷な生活のなか、多くの人が命を落とした。

住民がいなくなったため、信じがたいことだが、戦後しばらくの間、国自体が存在しなかった。ようやく国が再建*されたのは1957年。チェチェン人がソ連やロシアを憎み、恨むのはこうした歴史があるからだ。

＊ヨシフ・スターリン
ロシア革命でレーニンを支えて地位を得る。ソ連共産党書記長を長く務め、反対派の大粛清を行った。対ドイツ戦を通じて、さらに権力を一身に集中させた。

＊国が再建
スターリンを批判したフルシチョフ共産党第一書記が強制移住処分を撤回し、母国への帰国を許した。

国内が大混乱するなか、ロシアから軍隊が！

憎っくきソ連の崩壊が近づいた1990年、チェチェンは独立を宣言。翌年にはチェチェン・イングーシ共和国に改名した。しかし、ソ連はこれを認めない。1992年にはチェチェン共和国とイングーシ*共和国に二分。ソ連は分割については認めたが、あくまでも連邦からの独立*は許さない。

ロシアはチェチェンに対する支援をストップ。たちまちチェチェンの経済は悪化し、国内は大混乱して内戦状態になってしまう。ロシアのエリツィン大統領は好機と見て、1994年12月、独立阻止に向けてチェチェンに軍隊を派遣する。これが「第一次チェチェン紛争」だ。

ロシア軍は当初、意外にも苦戦したが、その後どうにか盛り返して首都グロズヌイを制圧し、1996年に和平を結んだ。しかし、ロシア軍の空爆によって、多くの民間人が死亡したこともあって、チェチェン人はロシアをさらに憎むようになった。

プーチンに制圧されても、凶悪なテロを連発

和平合意後、チェチェンはロシア連邦の一員として、数年間は目立つ動きをしなかった。新たな戦闘が起こった

***イングーシ共和国** チェチェン人と違って、イングーシ人はソ連に残ることを望んだ。ソ連の崩壊後はロシア連邦の一員になった。

***独立は許さない** 地理的に中東に近いことから、ロシアはチェチェンを軍事的に手放したくなかった。

のは1999年。チェチェン独立を目指す過激派武装勢力が、突然、隣国のダゲスタン共和国に侵攻したのだ。

これに対して、ロシアはすぐに軍を派遣し、「第二次チェチェン紛争」が起こった。就任間もないプーチン大統領が全力でつぶしにかかり、ロシア軍がグロズヌイを制圧した。

しかし、その後も局地戦は続き、紛争はなかなか収まらない。しかも、独立派は他国の同じイスラム教徒の過激派勢力とつながり、重大なテロ事件*を敵国ロシアで連続して引き起こした。こうして第二次チェチェン紛争は長引いたが、2009年にようやく、独立派の掃討が完了したとされた。

＊重大なテロ事件
モスクワ劇場占拠テロ事件（P136）や北オセチア学校占拠事件（P138）などのテロを引き起こした。

モスクワ劇場占拠テロ事件

2002年

ロシアを恨むチェチェン人が劇場に乱入して立てこもる。突入作戦で大きな悲劇が…。

武装集団が人質を取り、チェチェンから軍撤退を要求

終わりの見えなかった「第二次チェチェン紛争」が、首都モスクワで最悪の結果を招くテロ事件を引き起こした。

第二次チェチェン紛争中の２００２年10月23日夜、覆面をかぶった武装集団がモスクワ中心部にある劇場「ドブロフカ・ミュージアム」に乱入。ミュージカルを観覧していた客や出演者、９００人以上を人質に立てこもり、劇場内には地雷を敷いた。

武装集団はチェチェン人で、なかには腹に自爆用の爆弾を巻いた女性もいた。自分たちは自爆テロリストだと名乗り、チェチェンからロシア軍が撤退することを要求。受け入れなければ、人質を殺害し、劇場ごと爆破すると警告した。

人質の家族らは要求を呑んでほしいと訴えたが、プーチン大統領にはもちろん、軍を撤退させる気などない。内務省と連邦保安庁の幹部とともに対策

を協議した。

緊迫した状況のなか、武装集団との*交渉は続く。その結果、イスラム教徒、外国人、未成年者の一部を解放することの同意を得た。しかし、ロシア軍撤退という要求は呑まず、肝心の部分は平行線のままだった。

120人以上の人質がガス中毒で命を落とす

事態が大きく動いたのは26日早朝。劇場の換気口に催眠ガスを送り込んだうえで、特殊部隊アルファ*が突入した。ガスの効き目は甚大で、武装集団のほとんどは昏倒しており、特殊部隊にとって、全員を射殺するのは簡単な仕事だった。

しかし、大きな問題*があった。床にバタバタ倒れているのは武装集団ばかりではなかったことだ。大勢の人質も床に横たわっており、しかも多くが苦しんだり、吐いたり、うめいたりしていた。突入に成功後、人質は病院に送られたが、ガスの正体が何なのか公表されないので、医師たちはなすすべがない……。そして、120人以上の人質がそのまま命を落とした。

プーチン大統領は「犠牲者はガスが原因で亡くなったのではない。脱水症状や持病、心理的ストレスなどの複合的要因で死亡した」とあくまでも言い張った。

＊武装集団との交渉
武装集団はイスラム教徒、外国人、未成年の一部を解放することには同意したが、軍撤退は譲らず、聞き入れなければ人質を射殺するとした。

＊特殊部隊アルファ
ロシア連邦保安庁の特殊部隊。ロシア国内でのテロ対策や人質事件などに出動する。

＊大きな問題
下院安全委員会のワシーリエフ議員はのちに、特殊部隊が前もってガスの使い方を習得しておらず、準備不足だったことを認めた。

北オセチア学校占拠事件

2004年

チェチェン人中心の過激派が
ロシア連邦の中学校を占拠。
生徒を救出できず、多数の死者が…。

チェチェン独立派中心の多国籍の集団が乱入！

チェチェンが関係した人質事件のなかでも、あまりにも悲惨な結末で世界に衝撃を与えたのが、北オセチア学校占拠事件だ。

第二次チェチェン紛争が勃発してから5年目の２００４年。*親ロシア政権に対して、独立派はゲリラ的な抵抗を続けるとともに、他国のイスラム過激派ともつながり、ロシア国内で盛んにテロ活動も行っていた。

こうした状況下の9月1日、ロシアの*北オセチア共和国のベスラン第一中学校に、チェチェン独立派を中心とする多国籍の*武装集団が乱入。始業式に出席していた１０００人以上の生徒や保護者、教師らを人質として体育館に閉じ込めた。武装集団はチェチェンからの軍撤退、捕えられた同胞の解放などを要求したが、交渉は膠着《こうちゃく》する。水も食べものも与えられないまま、人質は恐怖に怯えるばかりだった。

＊親ロシア政権 学校占拠事件の4か月前の2004年5月、チェチェン親ロシア政権のカディロフ大統領は独立派に暗殺された。

＊北オセチア共和国 イラン系の言葉を話すオセット人の国で、ロシア連邦の一つ。主にロシア正教を信仰する。

＊武装集団 自動小銃やパンツァーファウスト（携帯式対戦車兵器）、爆弾などで武装していた。

北オセチアはどこにある？

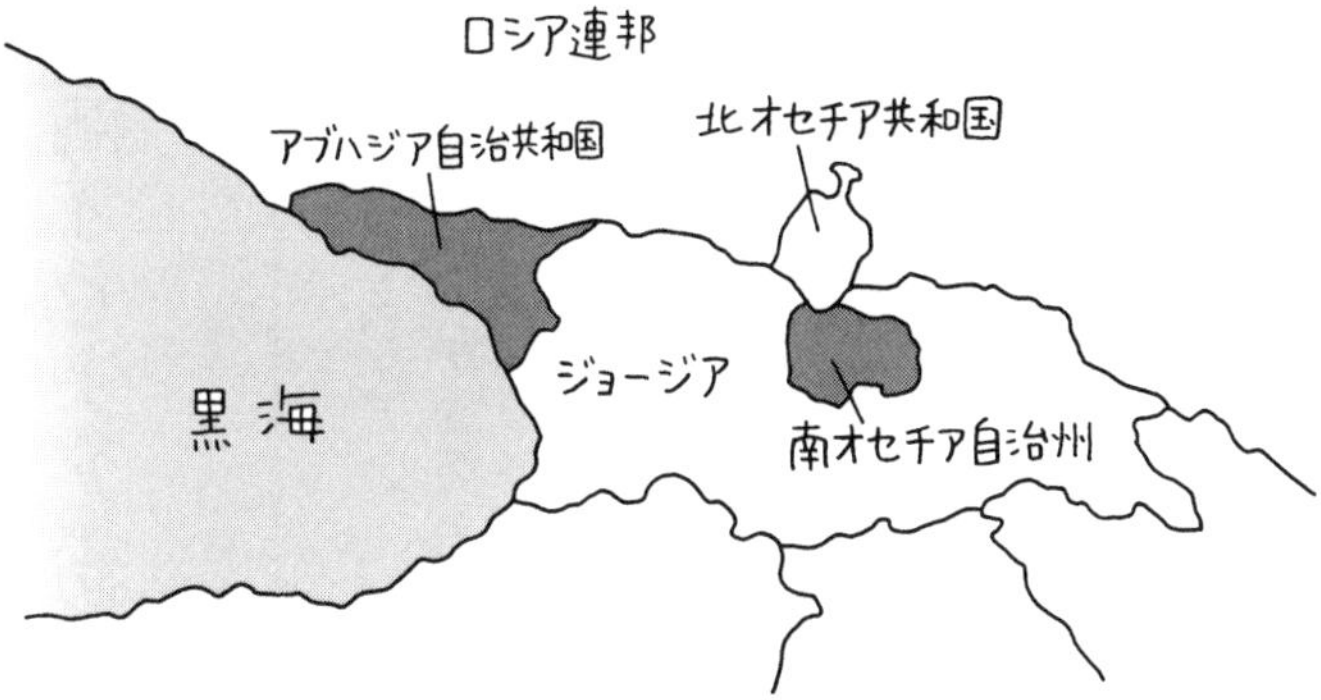

激しい銃撃戦になって、多くの子どもたちが犠牲に…

３日の午後１時頃、体育館で突然、爆破音が響き、これをきっかけに銃撃戦となった。逃げ出す人質を武装集団が背後から撃つ。ロシア軍の砲弾が人質のいる体育館を破壊する*……。この人質事件によって３３５人の人質の命が失われ、そのうち１８６人が10代半ばの子どもたちだった。

日本の第二次小泉内閣は、テロとの闘いにおけるプーチン大統領とロシアの毅然とした姿勢に敬意を表するとともに、被害者支援として10万ドルの資金協力を行った。

＊体育館を破壊 屋根が崩れ落ちて、残っていた人質を直撃した。

南オセチア紛争

2008年

ジョージアからの分離を目指す南オセチア自治州をロシアが支援し、「独立」を一方的に認めた！

独立阻止のジョージアと後押しするロシアが衝突！

ロシアとヨーロッパ、中東に挟まれた*ジョージア。古くから他民族の侵略を何度も受けてきたが、ソ連崩壊後、ようやく共和国として独立することができた。ただし、国内に大きな火種を抱えたままで……。

ジョージア国内で目を離せない地域が、ロシア国境に接する南オセチア自治州。*民族などが異なることから、ソ連崩壊時に独立分離を求めたが、ジョージアは認めず紛争が起きていた。これに対して、ロシアは南オセチアの*独立に向けた動きを支持し、ジョージアと対立した。

ロシアが南オセチアとアブハジアの独立を承認!?

２００８年になって、南オセチアで独立に向けた運動が再び活発化する。同年２月にコソボが独立宣言をしたのを見て奮い立ったのだろう。危機感を

＊ジョージア
以前は「グルジア」と呼ばれていた。

＊民族
南オセチアにはイラン系民族のキリスト教徒であるオセット人が多い。北オセチアも同じ。

＊独立に向けた動きを支持
南オセチアは北オセチアと併合し、ロシア連邦の一員になることを望んでいる、というのが理由。

覚えたジョージアは8月7日、南オセチアの州都ツヒンバリに軍を派遣*し、ロケット砲で集中攻撃した。

ただちにロシア軍が介入し、海軍を投入してジョージアの黒海沿岸を封鎖。陸軍も派遣し、ジョージア軍が南オセチアから撤退すると、ジョージア国内にも進撃*した。16日に和平が合意されたが、ロシア軍は即時撤退を拒否する。

さらに、ロシアのメドベージェフ大統領は26日、南オセチアとアブハジア*の独立を一方的に承認した。しかし、さすがにこれは強引過ぎる話で、ロシアのほかに承認したのは数か国。日本も国際社会の平和的解決努力と相いれないと、遺憾の意を表明した。

＊軍を派遣
ジョージアはロシア軍が先に攻撃してきたと主張。しかし、衝突当日は北京オリンピックの開会式の日で、プーチン首相はこれに出席し、メドベージェフ大統領は休暇中だった。このすきをついてジョージアは先制攻撃をしたのだと、ロシアは主張している。

＊ジョージア国内にも進撃
空爆などによって、ジョージアでは国内に10万人の避難民が発生。日本は国連難民高等弁務官事務所（UNHCR）を通じて、総額100万ドルの緊急無償資金協力を行った。

＊アブハジア
南オセチア同様、ソ連崩壊時にジョージアから独立を図って紛争が起き、1994年に停戦した。

ロシア【年表】

年	月	出来事
1999年	8月	第二次チェチェン紛争、勃発。
2002年	10月	モスクワ劇場占拠テロ事件。
2004年	9月	北オセチア学校占拠事件。
2008年	8月	南オセチア紛争、勃発。
		南オセチアで和平合意。
		ロシアが南オセチアとアブハジアの独立を承認。
2009年	4月	第二次チェチェン紛争、戦闘終結。
2013年	11月	ウクライナのヤヌコビッチ大統領、EUとの連合協定を凍結。
		ウクライナで大規模な反政府デモ発生。
2014年	2月	ウクライナで衝突、100人以上の死者。
		ウクライナに暫定政権発足。
	3月	クリミア半島で住民投票。結果を受けて、ロシアが編入。
	6月	ロシアで開催予定の「G8 サミット」を欧米、日本、カナダがボイコット。
2015年	2月	ウクライナ和平協議で停戦合意。
	9月	ロシア、シリア空爆開始。
2016年	3月	シリア空爆終了。

第8章
世界経済を襲う試練

アメリカの金融危機により、
各国は凄まじい大不況に陥った。
世界経済はもはや１つ。
グローバルな視点のもと、
自由貿易協定が結ばれ、
エネルギー問題の変革が進む。

サブプライムローン問題

2007年

住宅ブームのなか、低所得者向けの住宅ローンが大人気になったが、金利引き上げによってバブルが崩壊！

収入が低くてもウェルカム！の手軽な住宅ローン

2008年、「100年に一度」ともいわれた凄まじい金融危機が世界を襲った。日本も大不況に陥らせたこの「リーマン・ショック」はどうして起こったのか。

2000年代前半、アメリカでは住宅購入ブーム*が巻き起こり、土地や建物の価格が上昇していった。リーマン・ショックを引き起こしたのは、この状況下で人気を集めた低所得者向け住宅ローン「サブプライムローン」*だ。

利用者の所得から考えて、返済できないケースも発生するだろうと、サブプライムローンの金利は高め*に設定されていた。それでも人気が高かったのは、日本の住宅ローンとは異なり、アメリカではローンを返済できなくなった場合、家を引き渡せば、残りの借金を返す必要がない*からだ。

いざとなったら、家を手放して賃貸住宅に移ればいいさ……と、気軽にサ

***住宅購入ブーム** 景気の刺激を目的に、アメリカの中央銀行であるFRBが金利を引き下げた結果、住宅ブームが起こった。

***サブプライムローン** 「サブ」は「二番目」「格下」、「プライム」は「最も重要な」「主要な」という意味。

***金利は高め** 金利が高ければ、途中で返せなくなった人が現れても、最後まで返済する人の金利の分で不足を補える。

***残りの借金を返す必要がない**

ブプライムローンを利用する低所得者が増えていった。

アメリカの住宅バブルがあっけなくはじけると…

金利が高めでも、ローンを返済できない人が続出すると、住宅金融会社は損をしてしまう。そこで、リスク管理のため、貸した金を返してもらう権利（債権）を投資銀行に売る仕組みを作った。これで、本来なら何10年もかかって返ってくる金をまとめて手に入れることができる。

投資銀行に買い取られた「債権」は、金融商品の「証券」として、投資家たちに売り出された。借りた人が返済を続けることによって、投資家たちは高い金利分を利益として得られる。一方、返済できなくなった場合は損をしてしまうが、この証券には安全度が高いという格付け*がされた。このため、投資家たちも安心して購入し、人気の高い金融商品になった。

住宅ブームは盛り上がっていったが、これは「住宅バブル*」だった。金利の*引き上げをきっかけに、ローンを返済できなくなった人が続出し、土地や建物の価格が下落。２００７年、バブルはあっけなくはじけてしまう。

こうして、リーマン・ショックの引き金となったサブプライムローン問題は起こった。

日本では、残っているローンも支払わなくてはならない。

＊格付け
この格付けを行う機関が、実際よりも高い安全度の格付けを与えてしまったという見方もある。

＊住宅バブル
本来の価値よりも高値で取り引きされること。1929年の世界恐慌の前にも、こうした住宅バブルがあった。

＊金利の引き上げ
住宅価格が上昇し続けていたため、FRBが金利を引き上げ、これをきっかけに住宅ブームが一気にしぼんだ。

2008年

リーマン・ショック

サブプライムローンでもうけていた大手投資銀行がバブル崩壊で破綻！世界的な金融危機が起こった！

史上最大の負債額を抱えて、全米4位の大手が破綻！

サブプライムローンを返済できなくなる人が続出し、住宅バブルが崩壊。同時に、さまざまな住宅関連の会社の仕事が減り、失業者が増え、アメリカの経済は停滞していった。

なかでも、サブプライムローンの債権で利益を得ていた投資銀行や証券会社は、ひと際ダメージが大きかった。アメリカ第4位の大手投資銀行、リー*マン・ブラザーズがこうむった損失は特に甚大で、経営危機に陥った。

リーマン・ブラザーズは身売り先を必死で探すが、規模が大き過ぎるためにどこも手を出さない。しかも、最後の頼みの綱であるアメリカ政府も、的確な救済措置を取らなかった。

２００８年9月15日、万策尽きたリーマン・ブラザーズはとうとう連邦破*産法の適用を申請。史上最大の６１３０億ドルもの負債を抱えて、まさかの破綻をしてしまった。

＊リーマン・ブラザーズ
１８５０年にリーマン兄弟が設立。破綻前は20か国以上に進出していた。

＊連邦破産法
日本の民事再生法に相当する。

日本の相場も大幅下落、円高にも見舞われ景気最悪…

リーマン・ブラザーズの破綻は経済に凄まじいショックを与えた。大手の金融機関が経営危機に陥って、世界的金融危機を招き、たちまち世界同時不況を呼んだ。多くの国で税金を金融機関に投じたり、銀行が揃って金利引き下げを行ったりしたが、景気の減速は止まらない。

2009年の1年間で、主要国の株式相場*は軒並み大幅に下落。日本も例外ではなく、相場の下落に加えて、急激な円高などにも見舞われ、あっという間に景気が悪くなってしまった。

＊主要国の株式相場
主要国の下落率は日本42%、アメリカ36%、イギリス33%、ドイツ42%、フランス44%、ロシア72%、中国上海65%など。

アイスランド財政破綻

2008年

金融立国を目指していたが、リーマン・ショックが直撃して破綻。外国からの借金を踏み倒して回復へ！

金融の規制緩和を図って、世界中から金を集めたが…

リーマン・ショックの影響を最も受け、一時は国家財政が破綻寸前にまで追い込まれたのがアイスランドだ。

アイスランドは金融立国を目指した国。金融の規制緩和を進め、高金利対策を図ったことにより、世界中から金*を集めることに成功した。この結果、北海道より少し大きい程度の島国なのに、2006年には1人当たりGDPで世界3位にまで躍進する。

とはいえ、アイスランドの政策が功を奏したのは、世界が好景気だったからだ。身の丈に比べて大き過ぎる金融は、リーマン・ショックが発生すると、ひとたまりもなかった。

外国への借金を踏み倒し、奇跡的に経済復活！

アイスランドは金融危機にあたって、2008年9月から大手銀行を相次いで国有化。国際通貨基金（IMF）に

＊世界中から金を集める 2006年末、アイスランドの大手3銀行の資産の合計は国内総生産（GDP）の8倍もあった。

も支援を要請した。最も大きな問題は、高利率でイギリスとオランダの客を引き付けてきたインターネット銀行の後始末だ。アイスランドの人口は約30万人だが、同銀行には外国人口座が約40万もある。

イギリスとオランダでは預金の保障問題が持ち上がり、両政府が〝肩代わり〟。その返済をアイスランドに求めた。議会は仕方なく認めたが[*]、グリムソン[*]大統領が何と拒否し、2回にわたる国民投票を行った。結果はいずれも「返済反対」で、アイスランドはイギリスとオランダへの〝借金〟を踏み倒す。その後、アイスランド経済は奇跡的に回復[*]していった。

＊議会は仕方なく認めた
アイスランド議会は15年かけて、最大34億ポンドを支払う法案を通した。この金額はアイスランドのGDPの半分近い。

＊オーラブル・ラグナル・グリムソン
1996年に大統領に就任し、2016年まで5期務めた。この法案への署名を拒否したことで国民の人気を集めた。

＊奇跡的に回復
2012年2月には国債の信用格付けが投資適格のBBBに戻った。

日豪EPA合意

2014年

初の農業大国との交渉が、牛肉市場の変化によって一気に進捗。日本にとって有利な合意となった！

初の農業大国との交渉に農業団体などが反発！

２０１５年、チリがフランスを抜いて、初めて日本のワイン輸入相手国１位になった。手ごろな値段の理由は、日本とチリの間で結ばれた「経済連携協定」*（ＥＰＡ）にある。

ＥＰＡは主に2国間で結ぶ協定。関税*の引き下げや撤廃による貿易の自由化をはじめ、投資やサービス、人の移動など、幅広い分野で共通のルールづくりを目指すものだ。日本は２００２年にシンガポールと初めて締結。14か国目となったオーストラリアとは２０１４年7月に調印し、１５年１月に発効した。

オーストラリアとＥＰＡ交渉を開始したのは２００７年。農業大国が相手の初めての交渉で、国内の農業団体からの強い反対もあって、なかなか前に進まなかった。しかし、その後、状況が変わったことから、一気に合意に向かう。

＊日本・チリ経済連携協定
2007年に発効。関税が段階的に引き下げられ、これに伴ってワインの価格も抑えられるようになった。

＊関税
自国の産業を守るため、輸入品にかける高い税金のこと。この関税によって、輸入品の値段は高くなり、自国の同様の商品などが有利になる。

＊牛肉市場
日本での牛肉シェアは、

牛肉の関税撤廃は阻止！ TPPでも同じ姿勢で交渉へ

日本とオーストラリアがともに注目していたのはアメリカの存在だ。

オーストラリアにとって、アメリカは日本における牛肉市場のライバル*。アメリカ産牛肉は2013年、輸入規制*を緩和されてから輸入量が増加してきた。オーストラリアはこれを見て危機感を持っていたに違いない。

一方、日本が睨んでいたのは、アメリカが主導する「環太平洋経済連携協定」*（TPP）。オーストラリアとのEPA交渉をうまくまとめることによって、アメリカとのTPP交渉を有利に進めたいという思惑があった。

日本はオーストラリアと交渉し、メリットの大きい合意に達することに成功。オーストラリアは当初、牛肉の関税撤廃を主張していたが、段階的*に引き下げることで同意したのだ。ここは多少妥協しても、市場をつかむために早く前に進んだほうがいいと、オーストラリアは判断したのだろう。また、自動車については関税撤廃という非常に大きな成果を得た。

TPP交渉におけるアメリカも、米や牛肉などについて関税撤廃を求めている。日本はこのEPA交渉によって、断固として撤廃は認めない！という強い姿勢を示したことになる。

国産、オーストラリア、アメリカの順。

＊輸入規制を緩和
アメリカでは2003年にBSE（牛海綿状脳症）が発生し、日本は一時、輸入を全面禁止するなど、輸入規制を取っていた。2013年2月、その規制が緩和された。

＊環太平洋経済連携協定（TPP）
→P152

＊段階的に引き下げ
牛肉の関税はそれまで一律38.5％。交渉の結果、加工用に多く使われる冷凍肉は18年かけて19.5％に、国産の牛肉と競合する冷蔵肉は15年かけて23.5％まで、ともに段階的に引き下げることで同意。輸入が急激に増えた場合は、制限できる仕組みも設けられた。

ＴＰＰ大筋合意

2015年

「例外なしの関税撤廃」が原則。激論の末に合意したが、発効は米大統領選の結果次第!?

世界のＧＤＰの４割を占める巨大な自由貿易圏へ！

　できるだけ自国に有利なようにと各国がせめぎ合い、２０１５年10月にようやく大筋合意した「環太平洋経済連携協定」（ＴＰＰ）。12の参加国が関税を取り払って共通ルールを作り、自由な貿易や投資を可能にするのが目的だ。実際に動き出せば、ＧＤＰの割合が世界の４割を占める巨大な自由貿易圏が生まれる。

　ＴＰＰは２００６年、シンガポール、ニュージーランド、チリ、ブルネイの４か国でスタート。その後、アメリカなどが参加し、２０１０年には参加国は９か国まで増えた。

　しかし、日本では*農業団体などが猛反対し、「ＴＰＰで日本の農業は滅ぶ」とまで主張した。医師会も、日本が誇る*国民皆保険制度が滅ぶと大反対。一方、産業界は関税撤廃による輸出増を狙い、「参加しなければ日本は取り残される」と正反対の主張をした。

＊農業団体が猛反対　日本の農作物は狭い農地で作られるため、どうしても値段が高い。海外から大規模農業で作られる安い野菜や果物、肉が入ってくると太刀打ちできない。

＊国民皆保険制度が滅ぶ　医療に市場原理を導入し外国資本を受け入れれば、金がなければ治療を受けられない時代になると医師会は訴えた。

賛否が真っ二つに割れるなか、２０１１年には民主党政権の野田佳彦首相が参加する方針を示した。だが、国内の調整がつかず、参加にはいたらない。実際に交渉に加わるようになったのは、自民党に政権交代したのち、２０１３年に安倍晋三首相が正式に*参加を表明してからだ。

ついに日本がＴＰＰに参加、「重要5項目」を死守せよ！

ＴＰＰの原則は「例外なしの関税撤廃」だが、そう簡単にはいかない。国の利害が激しく衝突して、21分野に及ぶ交渉は難航を極め、4年連続で実質合意は先送りされた。なかでも難しい状況にあったのが、*日本とアメリカの２国間交渉だ。

日本は「重要5項目」と位置づけた米、麦、牛・豚肉、乳製品、砂糖の関税維持を主張する。一方、輸出の主力分野である自動車部品などでは、関税の即時撤廃を求めた。

２０１４年には東京で安倍首相とバラク・オバマ大統領が会談したが、*溝は埋まらない。交渉の責任者である甘利明ＴＰＰ担当大臣とアメリカのフロマン通商代表部代表も激論を交わすが、平行線のままだった。

ＴＰＰは行き着く先が見えないまま、〝漂流〟してしまうのか……。こういう見方もされるようになった。

＊参加を表明
ＴＰＰを成長戦略の柱と位置づけた。加えて、安全保障の観点からアメリカとの関係を一層深めるという狙いもあった。

＊日米2国間交渉
この2国で参加国全体のGDPの8割を占める。

＊溝は埋まらない
牛・豚肉の輸入が急激に増えた場合の緊急輸入制限措置（セーフガード）を巡って対立した。

この大筋合意で、日本の農業を守れるのか？

ＴＰＰは２０１５年にどうにか決着し、大筋合意した。日本は輸入品の95％について関税を撤廃することに決定。ＴＰＰの前哨戦ともいえたオーストラリアとのＥＰＡでは、関税撤廃率が89％だったので、いかに厳しい交渉を強いられたのかがわかる。

最も重要視された農産物はどうか。全２３２８品目の約８割で関税を撤廃、「重要５項目」とされた５８６品目でも３割に当たる１７４項目で関税が撤廃されることになった。当面、７割の品目で関税が残るわけだが、これらの多くも段階的に引き下げられていく。その間、日本の農業をいかに強化するかが強く問われる。

産業界が期待した工業製品の輸出*については、関税撤廃が99・９％。そのうち86・９％は即時撤廃されることになった。ただし、最も重要な自動車関係*の合意内容はかなり厳しい。現在、アメリカに自動車を輸出する場合、２・５％の関税が課せられるが、これを撤廃するまでに25年もかかってしまうのだ。

どうした、アメリカ!? 次期大統領候補がＴＰＰ反対！

ＴＰＰは２０１６年２月に参加12か

***工業製品の輸出**
参加11か国への日本の輸出は総額19兆円にのぼる。

***自動車関係**
自動車部品については関税を即時撤廃することになった。

国が署名。しかし、その後、雲行きが怪しくなってきた。基本的に、TPPが発効*するのは全参加国が批准*したとき。ただし、署名から2年経過すれば、全参加国ではなく、域内GDPの85%を占める6か国以上が批准すればいいという規定もある。

　いずれにせよ、日本とアメリカの議会で認められなければ、TPPはスタートしない。ところが、アメリカは2016年11月に大統領選を控えており、民主党のクリントン候補、共和党のトランプ候補ともに、TPPに反対の立場を取っているのだ。

　TPPはまたもや〝漂流〟の危機に陥る可能性もある……。

＊発効
効力を持つこと。署名しただけでは効力を持たない。

＊批准
議会などが承認し、国家による最終的な確認をすること。

福島原発事故

2011年

東日本大震災の大津波に襲われ、発電所が停電し、メルトダウンに…。正確な情報はなかなか流されなかった。

高さ14m強の津波により、非常用発電機が故障する

２０１１年３月11日午後２時46分、三陸沖の海底を震源とする東日本大震災が発生した。福島第一原子力発電所も震度６強の激しい揺れに襲われ、原子炉が自動停止する。発電所全体も停電になったが、非常用発電機は稼働しており、まだ最悪の事態は回避できると思われた。

しかし、午後３時27分、発電所は14*mを超える大津波に襲われ、非常用発電機が破壊されてしまう。６基ある原発のうち、１～５号機で電気が使えなくなり、*原子炉を冷却することがまったくできなくなった。

あのチェルノブイリと同じ「レベル７」の事故に…

菅直人首相が率いる民主党政権は午後７時３分、我が国初の「原子力緊急事態宣言」を発令。午後９時23分、原発から半径３km圏内の住民に対して避

＊14mを超える大津波 福島第一原発の設計時、津波の高さは最大5・7mと想定していた。

＊原子炉を冷却 原子炉が止まったあとも、核燃料は高熱を発し続けるので、水を循環させて冷やす必要がある。

＊水素爆発 14日には3号機でも水素爆発が起こって、建屋の屋根が吹き飛んだ。

難指示が出された。

3月12日午後3時36分、1号機が水*素爆発し、原子炉建屋の屋根を一瞬で吹き飛ばす。原子炉内で核燃料を覆っていた金属の管が溶け、燃えやすい水素が発生したことによるものだ。原子炉内では恐ろしい*炉心溶融（メルトダウン）が起こっていた。

福島第一原発からは、凄まじい量の*放射性物質が放出されていた。だが、福島で何が起こっているのか、どれほど危険な状況なのか、正確な情報は提供されなかった。原子力安全・保安院は*事故の尺度を、当初は「レベル4」としていたが、4月12日、最も深刻な「レベル7」に引き上げた。

＊炉心溶融（メルトダウン）
原子炉内にある核燃料の束（炉心）が高温になって溶け、原子炉の底に落ちること。核分裂反応を制御できなくなり、重大な事故を起こす。

＊放射性物質が放出
原発事故には外国のほうが強く反応。フランスが日本在住者に出国、または日本南部への退避を勧告するなど、福島から遠ざける動きが相次いだ。

＊事故の尺度
原発の事故は、国際原子力機関（IAEA）が定めた国際原子力事象評価尺度（INES）によって示される。「レベル4」は「所外への大きなリスクを伴わない事故」。チェルノブイリ原発事故は「レベル7」だった。

原発を巡る問題

2011年〜

福島第一原発の廃炉作業は進まず、高濃度汚染水は増える一方だが、自民党政権は再稼働に前のめり。

経済最優先の安倍政権が原発再稼働にまい進！

福島第一原子力発電所の事故により、原発の「安全神話」はもろくも崩れ去った。安全基準が全面的に見直されることになり、いったん止まった原発は再稼働できない。この影響で、２０１２年５月、国内に50基あるすべての原発がいったん停止*した。

２０１２年９月、民主党政権の野田佳彦首相は、国内で高まる「脱原発」の声に押されるように、「２０３０年代に原発ゼロ」を目指すとした。同月、環境省に新組織の「原子力規制委員会*」が発足。政府より独立した中立の立場から、原発の安全性などについて厳しくチェックすることになった。

その後、政権は「経済成長には原発が必要」と考える自民党の安倍晋三首相のもとに移る。２０１３年７月、福島原発事故を教訓としたという新しい規制基準を導入。原子力規制委員会が審査し、基準を満たしているとされた

＊いったん停止
同年７月には福井県の大飯原発３号機が再稼働され、このときの「原発ゼロ」は2か月で終わった。

＊原子力規制委員会
経済産業省の「原子力安全・保安院」と内閣府の「原子力安全委員会」を廃止し、政府からの高い独立性を持つ組織とした。

日本の原発

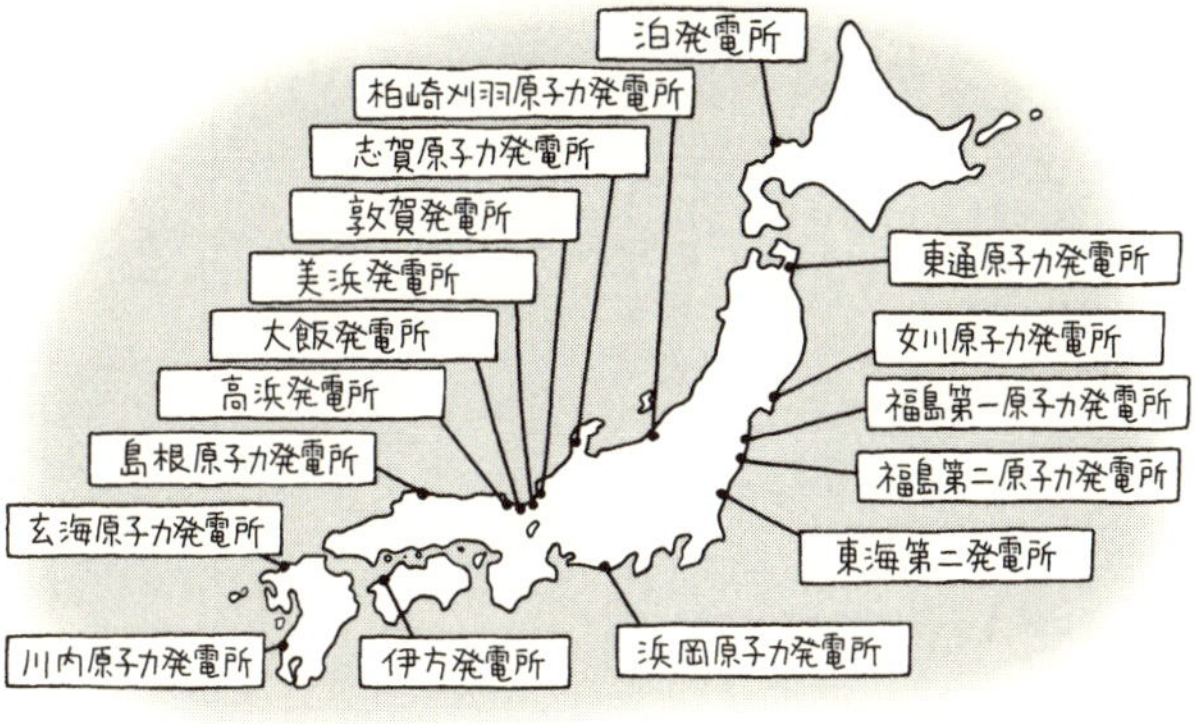

場合は再稼働させる方針を示した。この基準に川内《せんだい》原発、高浜原発3・4号機、伊方原発3号機が合格した。

高濃度汚染水は増える一方、廃炉作業は進まない…

安倍政権が原発再稼働に取り組む一方、福島第一原発の廃炉作業は遅々として進まない。高濃度汚染水は増える一方で、保管していたタンクから漏れたり、そのまま海に排出されたりしたことも判明した。

放射性物質「セシウム137」の半減期は30年。いまも福島には帰宅困難区域、居住制限区域が設けられ、9万人近くが避難したままだ。

世界のエネルギー問題

原発事故以来、世界の流れが変化。「原発ゼロ」に向かう国が増えて、再生可能エネルギーに大きく傾く！

2060年代には石油と天然ガスが枯渇…

人口増加や経済成長などにより、世界のエネルギー消費量は年々増え続けている。エネルギー資源として、いまも群を抜いて多いのが石油や天然ガスなどの化石燃料*だ。

しかし、化石燃料は枯渇に向かっており、石油と天然ガスは2060年代には採掘量がゼロになる見通しだ。石炭はまだまだ埋蔵量が多いが、それでもあと100年余りで枯渇すると見られている。

化石燃料は地球温暖化を招くという問題もあり、世界のエネルギー問題はいま転換期を迎えている。

化石燃料大国のアメリカは、シェールガスにも期待

世界各国はどのような姿勢でエネルギー問題と向き合っているのだろうか。まず、アメリカのエネルギー事情を見てみよう。

＊化石燃料
2013年の時点で、世界の電力の約7割が化石燃料から作られている。具体的には石炭42%、天然ガス22・1%、石油4・5%。ほかには水力16・9%、原子力10・8%などが多い。水力以外の再生可能エネルギーで最も多いのは風力の2・8%。

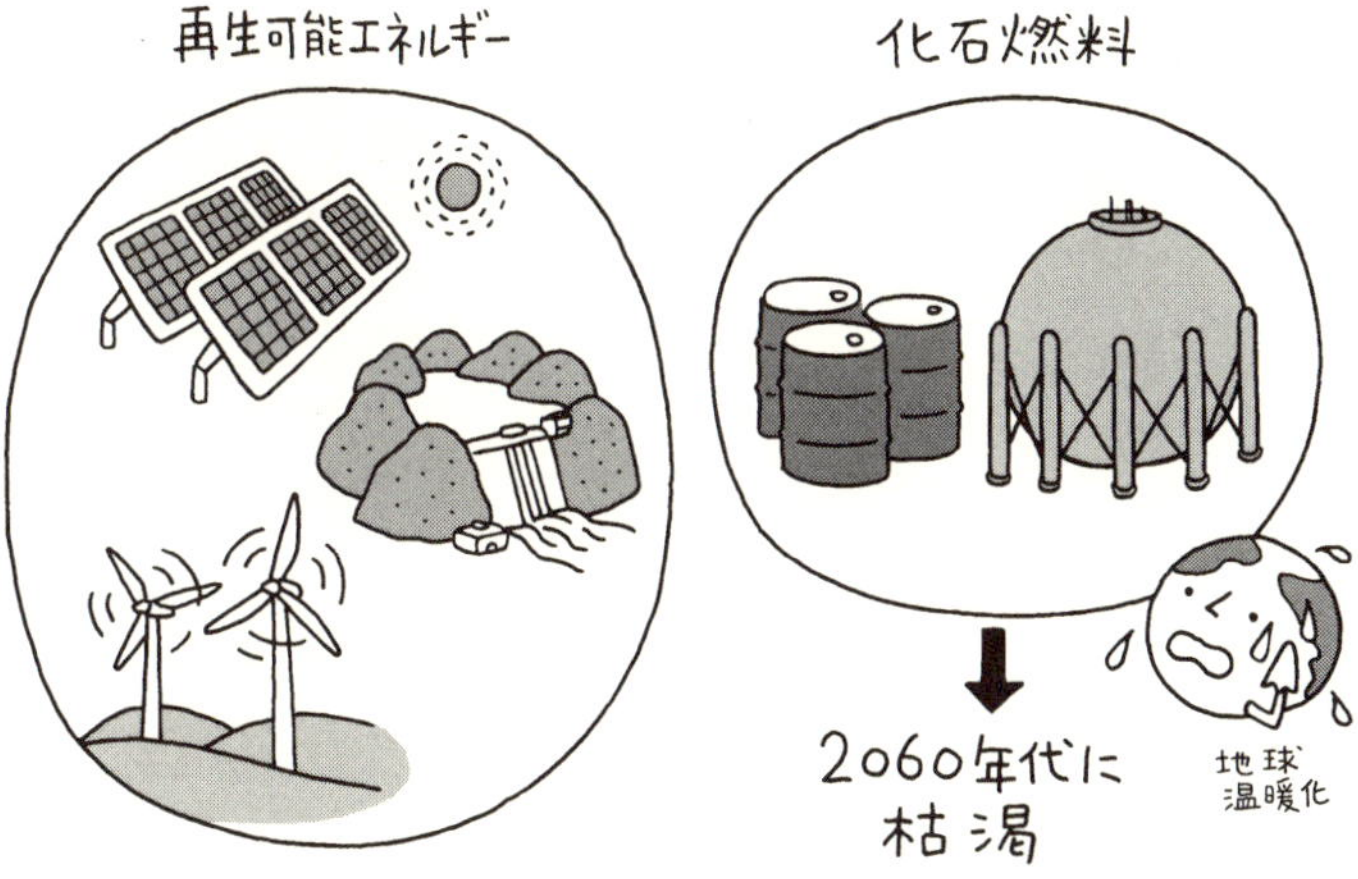

アメリカは天然ガス生産量が世界1位、石炭2位、石油3位の化石燃料大国だ。近年は新しい資源であるシェールガス*やシェールオイルも大規模に採掘されている。また原子力発電の技術力も高く、発電量は世界1位だ。

その一方で、アメリカは今後、再生可能エネルギー導入に力を入れていく。オバマ大統領は2013年の地球温暖化対策行動計画で、2020年までに再生可能エネルギーによる発電量を倍増させると発表した。

再生可能エネルギーの導入については、各州政府も独自に目標を発表している。なかでもカリフォルニア州政府の目標は高く、2020年までに水力

***シェールガス**
深さ数百～数千m以上の頁岩層（シェール層）に含まれているガス。存在は以前から確認されていたが、21世紀になって低コストの採掘技術が開発され、開発が一気に進んだ。

発電を含む再生可能エネルギーのシェアを33％まで上げると宣言して注目された。

原発ゼロに向かう国がEU圏内で急増！

次にEUの動きはどうか。原子力発電に関しては、2011年の福島原発事故以来、流れが大きく変わった。

ドイツ、ベルギー、スイスが期限を決めて原発全廃に向かい、スペインは原発の新設を中止することを決定。電力の半分近くを原子力に依存しているスウェーデンも、期限は未定ながら全廃に向かう方針を取った。*原子力大国フランスでも、オランド大統領が2025年までに原子力依存度を現状の75％から50％に低減することを目標に掲げている。

EU諸国が現在、大きなエネルギー源としているのが*ロシア産の天然ガスだ。しかし、EUとロシアは*ウクライナ問題で対立。ロシアは天然ガスの供給を政治的に利用する動きを見せている。EUはこれを警戒し、2014年6月に長期戦略案「エネルギー同盟」を採用。ロシアを迂回するパイプラインの整備などを目指している。

エネルギー資源のなかで、EUが格別力を入れているのが再生可能エネルギーだ。2030年にはその*導入率を最低27％にするという目標を掲げてい

＊原子力大国フランス
フランスでは原子力発電が一大産業になっており、関連産業の雇用は40万人もある。

＊ロシア産の天然ガス
EUの6か国は天然ガス供給をロシアだけに頼っている。

＊ウクライナ問題
→P126

＊再生可能エネルギーの導入率
EUでは2005年の再生可能エネルギーの比率は、自動車の燃料なども含めたエネルギー全体の8・7％に過ぎなかったが、12年には14・1％、14年は15・3％と順調に推移してきた。

る。特別高い数字ではないが、じつは自動車の燃料なども含むエネルギー全体のなかの割合。電力だけで換算すると、再生可能エネルギーの導入率は最低でも45%になるという。

再生可能エネルギーの内容については、西欧諸国では太陽光や太陽熱、風力、北欧諸国では水力*や風力、洋上風力、地熱*、バイオマスなどのシェアを高めていく方針を取っている。

再生可能エネルギーへのシフトが遅れている日本

世界最大のCO_2排出国、中国のエネルギー事情はどうだろう。現在、電力の4分の3を石炭によって得ているが、今後は再生可能エネルギーにシフト。2011年には22%だった再生可能エネルギーの割合を、30年には53%、50年には86%まで引き上げるとしている。目指すのは、生態系の保全と経済発展が両立する「美しい中国」とのことだ。

最後に、原発事故を起こした国でありながら、再稼働を許している日本。再生可能エネルギーについては、2014年に電力量の12・6%だったのを、30年に22~24%を目指すというのが目標だ。

EUや中国に比べると、あまりにも目標が低い……。いま、日本の姿勢が問われている。

＊水力発電
ノルウェーは電力の100%近くが水力発電。

＊地熱発電
アイスランドは電力の29%を地熱で発電。水力と合わせ、再生可能エネルギーだけで電力を100%まかなっている。

世界経済【年表】

2007年	夏	サブプライムローン問題、発生。
2008年	9月	リーマン・ブラザーズ、連邦破産法の適用を申請。
	10月	アイスランド、財政破綻。
2011年	3月	福島原発事故。
2012年	5月	日本国内の原発、すべて止まる。
	7月	大飯原発3号機、再稼働。「原発ゼロ」、2か月で終了。
	9月	野田政権、「2030年代に原発ゼロ」を表明。
2013年	7月	安倍政権、原発再稼働に向けて新規制基準を導入。
2014年	6月	欧州理事会（EU首脳会議）、長期戦略案「エネルギー同盟」発表。
	7月	日豪EPA合意。
2015年	10月	TPP、大筋合意。

第9章

終わらないアフリカの紛争

異なる文化を持つ、異なる民族が、
列強が作った枠のなかで平和に暮らす。
こんなことが不可能に近いのは、
アフリカの歴史を見れば一目瞭然だ。
いまもこの国で、あの国で、
紛争がくり返している……。

ソマリア内戦

1988年〜

強く結びつく「氏族」間の紛争、他国の介入、武装勢力の台頭により、「世界最悪の紛争国」になった…。

アフリカでも群を抜いて問題の多い紛争国

内戦、テロ、難民、飢餓、伝染病、略奪……。アフリカにはいまも、想像を絶する悲惨な状況にある国が少なくない。その代表が「世界最悪の紛争国」といわれるソマリアだ。アフリカでは珍しく、国民の約85%がソマリ人という、単一民族国家に近い国。人々は「*氏族《しぞく》」（クラン）と呼ばれる強い結びつきの集団に属している。

この氏族間の不平不満などにより、1988年に内戦状態に陥った。1991年には独裁政権が崩壊し、ついに無政府状態になってしまう。以来、氏族同士の紛争、*他国の軍の介入、武装勢力の台頭などによって、国内はこれ以上ないほど混乱し、ソマリアは「破綻国家」といわれるようになる。

難民も大量に発生した。追い打ちをかけるように、2010年〜12年には「世界最悪の人道危機」といわれる*大飢饉が起こった。いまも*難民問題は

＊氏族（クラン）
血族関係を基本とする集団。国内に10以上の氏族があり、人々はいずれかに属している。

＊他国の軍の介入
混乱収拾に向けてアメリカ軍などが介入したが、武装勢力の激しい抵抗によって、1995年に完全撤退した。

＊大飢餓
この飢饉で、国民の約5%弱に当たる約26万人が死んだ。死亡者のうち、およそ半分が5歳未満の子どもだといわれる。

＊難民問題
難民の多くはケニアなど

ソマリアはどこにある？

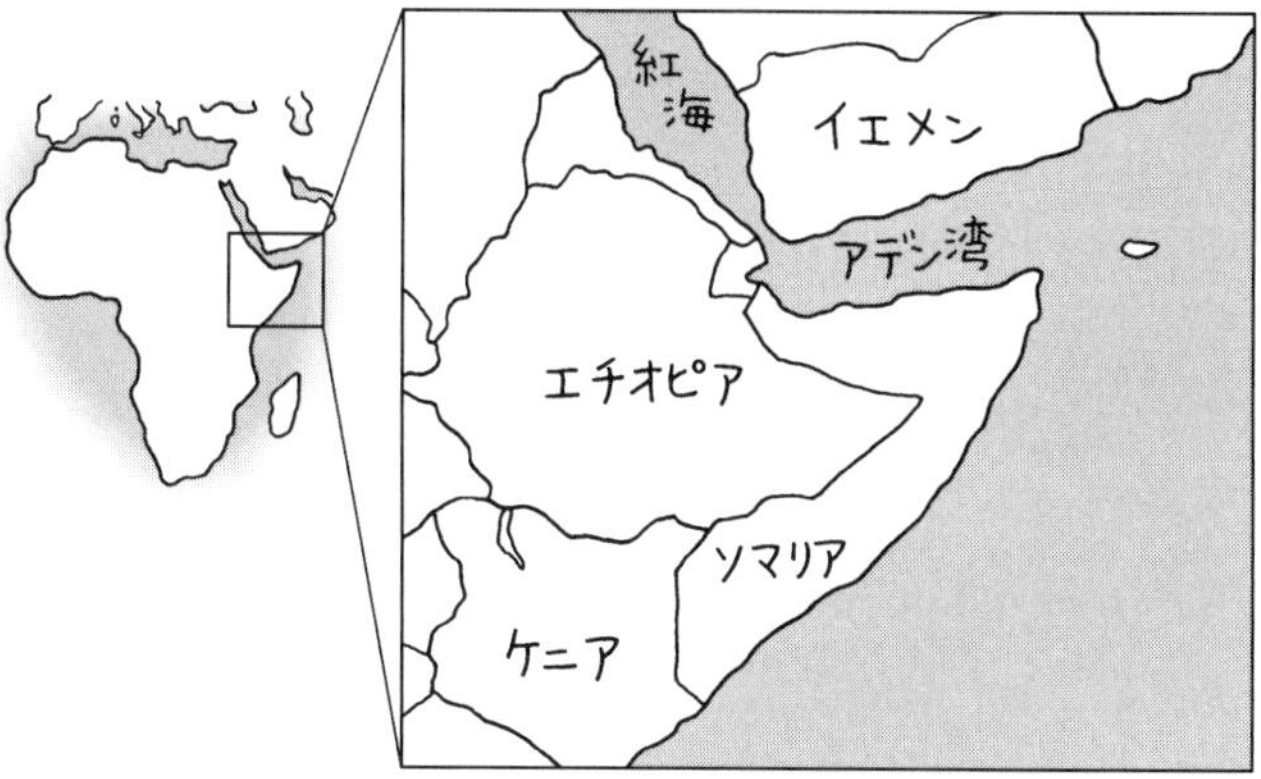

解消されず、２０１５年12月の時点で約98万人もの難民がいる。

21年ぶりに統一政府樹立。海賊行為も減ってきたが…

２０１２年10月、ソマリアには21年ぶりに統一政府が発足。以来、徐々に治安は安定してきたものの、イスラム過激派*によるテロが頻発するなど、まだまだ危険な状況は続いている。

また、ソマリアといえば外国商船などを狙う海賊行為*も大きな問題だ。２０１２年から件数は激減*したが、国内の安定を図って貧困をなくさなければ、根本的な解決にはならない。ソマリアの課題は多過ぎる……。

の近隣諸国の難民キャンプで生活している。

＊イスラム過激派 アル・シャバーブという過激派が活動。近年は国境を越えて、ケニア国内でもテロ事件を起こしている。

＊海賊行為 2008年以降、ソマリア沖・アデン湾などで日本関連の船は乗っ取りや銃撃、被弾、乗り込みなどの被害を受けてきた。2009年から海上自衛隊の護衛艦2艦を派遣し、船舶の護衛にあたっている。また哨戒機2機も派遣し、警戒監視活動も行っている。

＊件数は激減 2011年に237件あったソマリア沖・アデン湾の海賊行為が、12年には75件、15年にはゼロ件になった。

シエラレオネ内戦

～2002年

ダイヤモンドの密輸で武器を購入。反政府勢力が強奪、放火、性暴力、手足の切断など、残虐極まる行為を…。

内戦のダメージが大きく、世界で最も短命の国に…

国民の平均寿命が46歳……。世界で最も寿命の短い国が西アフリカのシエラレオネだ。生活環境が極めて悪く、子どもの４人に１人は5歳までに命を落とす。10年余り続けられた内戦のダメージは大き過ぎた。

シエラレオネはダイヤモンドの一大産地。しかし、潤うのは政府ばかりで、人々には何の利益ももたらさなかった。

１９９１年、不満を募らせた反政府勢力の「革命統一戦線」（ＲＵＦ）が武装蜂起し、内戦は始まった。

ＲＵＦの背後には隣国リベリアの武装集団がいた。ＲＵＦは勢力を広げた地でダイヤモンド*の原石を違法に採掘。密輸で得た金で武器を調達した。

無残にも手や脚を切断…現代史上、最悪の残虐行為が！

シエラレオネ内戦では稀に見る残虐*行為があったことで知られる。人々に

***ダイヤモンド**
こうした紛争当事者の資金源となるダイヤモンドを「紛争ダイヤモンド」と呼ぶ。紛争を長引かせる要因になることから、２０００年7月、国連安全保障理事会では原産地証明のないシエラレオネ産ダイヤモンドの取り引きを18か月間禁止する決議を採択した。

***残虐行為**
RUFには住宅放火班、手切断部隊、殺戮小隊、全裸小隊（全裸にして殺害）、無血殺害犯（撲殺）などの特殊部隊があった。

シエラレオネはどこにある？

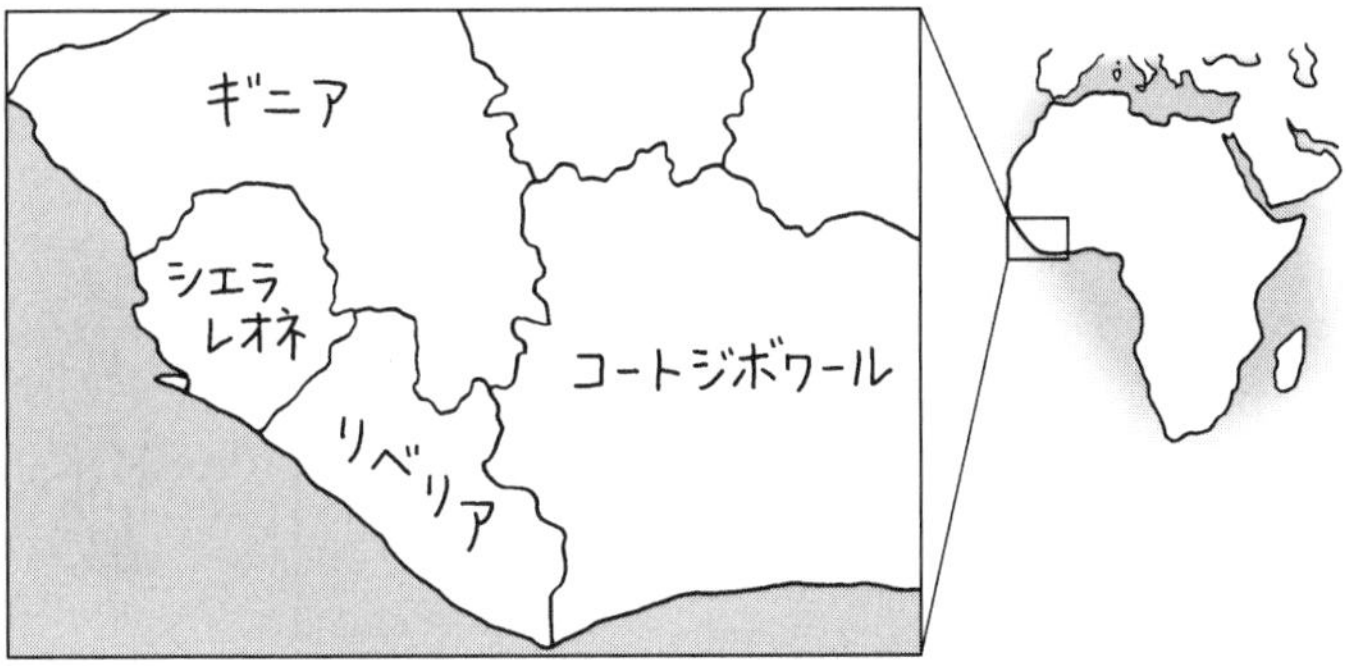

恐怖心を与えて屈服させるため、1万人以上の人々の手や脚を切り落としたのだ。ほかにも、村を襲撃して金品を強奪、放火、子どもを拉致、女性に性暴力など、凄まじい暴力行為を繰り返した。特に反政府勢力*のやることがひどかったという。

1999年、国連などの調停によって内戦は終結に向かい、2002年1月に完全に武装解除された。この内戦で7万5千人が死亡し、200万人以上が難民となった。

内戦終了後、シエラレオネは国連の復興支援を受けてきた。日本はシエラレオネでの国連WFP*の活動に、世界で最も多い拠出金*を提供している。

＊反政府勢力
シエラレオネには教育を受けられず、仕事にもつけず、社会からはじき出された若者が多かった。こうした〝ならず者〟がRUFの戦闘員になり、残虐行為をしたともいわれる。また、薬物も乱用されていた。

＊国連WFP
国連世界食糧計画。国連唯一の食料支援機関で、飢餓と貧困の撲滅を目指して活動している。

＊世界で最も多い拠出金
2014年5月現在。拠出金はシエラレオネで流行したエボラ出血熱対策にも使われた。

リベリア内戦

〜2003年

元奴隷の入植者が長く独裁。
打倒後も政権は二転、三転……、
内戦で国は荒廃していった。

先住民と元奴隷の入植者が激しく対立してきた歴史

18世紀前半、アメリカで「奴隷」の身分から解放された黒人が入植して作った国、リベリア。国名は「自由」を意味するが、先住民にとってはとんでもない話だった。入植者たちは先住民の土地を奪い、アメリカの支援を受けて国を支配した。

入植者の子孫たちは、世界最大のゴムのプランテーションを展開し、大きな利益をあげる。その一方で、先住民を差別し、弾圧する歴史が100年以上も続く。

入植者の支配がようやく終わったのは1980年。先住民のサミュエル・ドゥ陸軍曹長がクーデターを起こし、独裁政権を打ち倒して大統領に就任したのだ。

これで、やっと「自由」な国になるかといえば、とんでもない話……。リベリアの大混乱がスタートしたのはここからだ。ドゥ大統領は自分の出身部族を優遇し、他の部族の有力者たちを追放。独裁政権によって、国を治めようとした。

他の部族がこれを黙って見ているわけがない。1989年、チャールズ・テイラーが率いる反政府勢力「リベリア国民愛国戦線」（NPFL）がドゥ政権打倒を目指して武装蜂起する。長くて悲惨なリベリア内戦が始まった。

25万人の犠牲者、100万人以上の難民が…

NPFLは隣のシエラレオネから、違法に採掘されたダイヤモンドを入手。これを資金に武器を手に入れ、政府軍にゲリラ戦を仕掛けていく。戦況は反政府軍が優勢で、1990年にドゥ大統領は捕えられて処刑された。

リベリアの混乱を抑えようと、「*西アフリカ諸国経済共同体監視団」（ECOMOG）が介入し、暫定政府を作ったが、NPFLは認めない。1997年になって大統領選と議会選挙が行われ、テイラーが大統領に就任し、内戦はやっと終わった。その後、2003年6月になって再び内戦が勃発したが、*テイラーの亡命によって終結する。

内戦は約25万人の犠牲者と、100万人以上の難民を生み出した。拉致されて戦闘員にされた少年も多く、彼らの多くは内戦後、行き場を失って*ストリートチルドレンになった……。

＊西アフリカ諸国経済共同体監視団（ECOMOG）
「西アフリカ諸国経済共同体」（ECOWAS）に加盟する国で編成される多国籍部隊。

＊テイラーの亡命
ナイジェリアに亡命したが、オランダ・ハーグの「シエラレオネ国際戦犯法廷」で、シエラレオネ内戦に絡み、反政府勢力の支援や殺人、性的暴行、少年兵徴収など11の罪で裁かれ、禁固50年を言い渡された。国際法廷で国家元元首が有罪になったのは初めて。

＊ストリートチルドレン
親に養われることなく、物乞いや売春、ゴミの回収などをしながら路上で生活する子どもたちのこと。犯罪を犯す割合も高い。

コンゴ内戦

〜2003年

アフリカ屈指の資源を狙い、
周辺諸国も含めて激しく勢力争い！
女性への非人道的な暴力も大問題。

豊富な鉱物資源を狙って、さまざまな勢力が暗躍！

アフリカ屈指の資源大国、コンゴ民主共和国*。金や銀、ダイヤモンドなどのほか、精密機器に欠かせないレアアース*の一大産地でもある。

コンゴは１９６５年から30年以上に渡って独裁政権が続き、鉱物資源の利権も独占していた。これに反発して、１９９７年、反政府勢力の「コンゴ民主解放勢力同盟」（ＡＦＤＬ）が武装蜂起して首都を制圧。リーダーのローラン・カビラ*が大統領に就任した。

しかし、その後も国内は安定しない。１９９８年には周辺諸国がコンゴの豊富な資源を狙って介入し、「アフリカの世界大戦」とも呼ばれる複雑な大紛争になった。２００３年７月になって和平合意し、内戦は終わったが、やはり政情は不安定なままだ。

「国連平和維持軍」（ＰＫＯ）が活動しているものの、反政府勢力は一掃されていない。ルワンダ武装勢力の多い

***コンゴ民主共和国**
1960年にコンゴ共和国としてベルギーより独立。1967年にコンゴ民主共和国、71年にザイール共和国、97年にコンゴ民主共和国に国名を変更した。

***レアアース**
特にコバルト埋蔵量は豊富で、世界一の産出国。しかし、子どもに採掘させている鉱山も多いといわれ、問題は多い。こうしたコンゴの悲惨な状況のうえに、日本を含むIT先進国の繁栄は成り立っている。

***ローラン・カビラ**
2001年に側近に暗

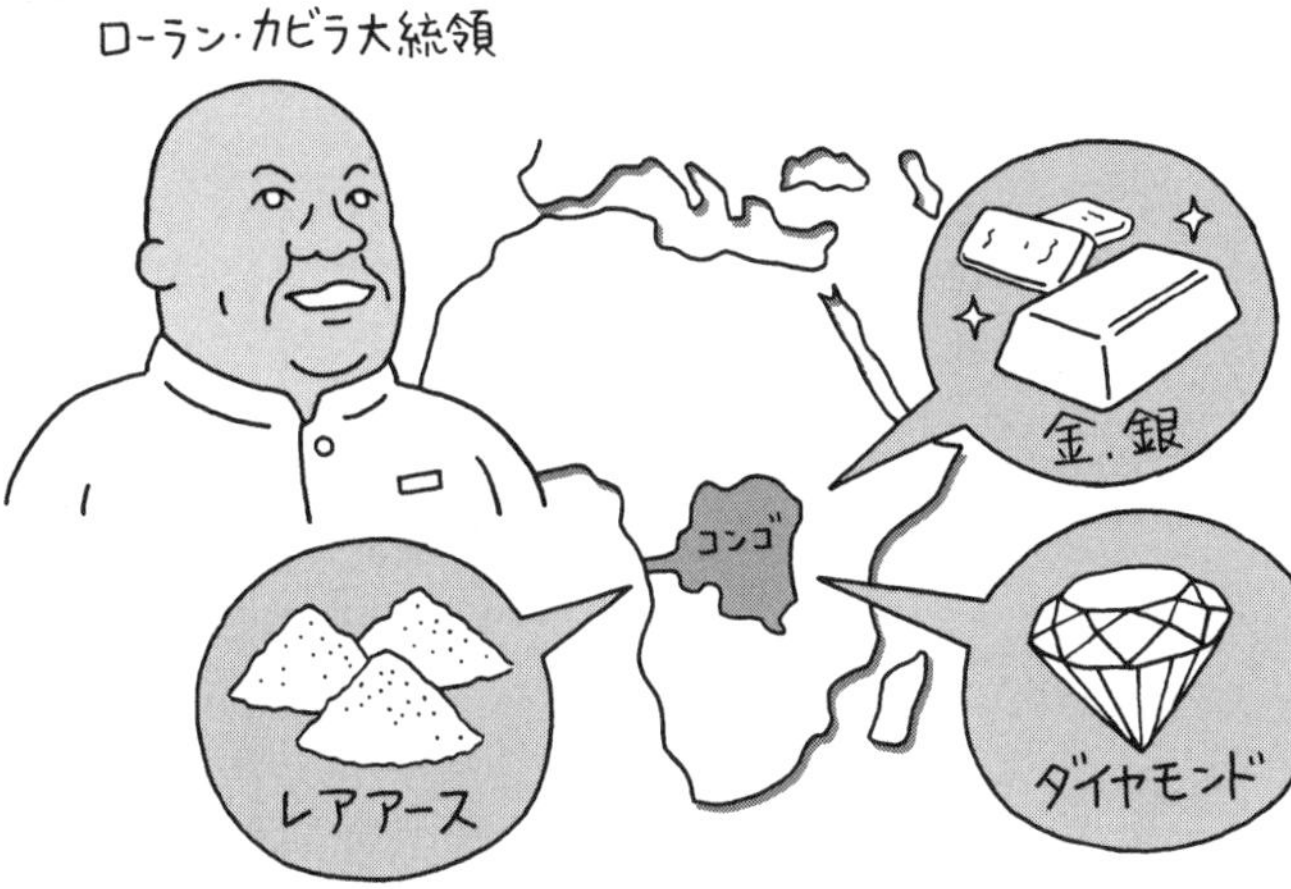

北東部については、外務省はいまも退避勧告に当たる最高危険度「レベル4」の地域に指定している。

あまりにも酷い女性に対する性暴力が…

コンゴ内戦の犠牲者は約500万人にも及んだ。内戦が終わったとされてからも、深刻な事態が続いている。なかでも大きな問題なのが、女性に対する激しい性暴力だ。

ある調査では、2006年から07年のたった1年で、40万人以上の女性が被害にあったといわれる。被害者は追い打ちをかけられるように差別され、HIV感染者も多いという……。

殺されて、息子のジョセフ・カビラが大統領になった。

マリ北部紛争

2012年～

北部の少数民族が武装蜂起したが、イスラム過激派が支配地を横取り。旧宗主国の介入で一応収まったが…。

隣国アルジェリアで起こった日本人人質事件の原因に…

2013年1月、アルジェリアの天然ガス関連施設で、イスラム過激派による人質事件が発生。日本人10人を含む39人*が犠牲になった。事件が発生した日、首謀者は「マリに軍事介入したフランスへの報復」と犯行声明。マリ北部で起こった紛争が、まったく無関係の日本人技術者たちに飛び火し、最悪の結末になってしまった……。

砂漠の国、マリは23の民族が暮らす多民族国家。なかでも北部に多いトゥアレグ族*は、以前から分離独立を目指して何度も反乱を起こしていた。しかし、政府側*との力の差は大きく、独立の実現は不可能とも見えた。

この状況を、2011年に吹き荒れた民主化運動「アラブの春*」が変える。トゥアレグ族の一部はリビア*に移住し、カダフィ政権の傭兵になっていたが、政権が崩壊したことにより、武器を手にしてマリに帰ってきたのだ。

＊39人が犠牲
事件の収束を急いだアルジェリア軍が、人質も乗せられている車をヘリコプターから攻撃。このとき、多くの人質が犠牲になったといわれる。また、追い詰められた犯人の自爆の巻き添えにもなった。

＊トゥアレグ族
サハラ砂漠の民族で、ベルベル語を話す。

＊政府側
マリ政府は南部に多い黒人主導。

＊アラブの春
→P46

彼らは武装組織「アザワド解放国民運動」（MNLA）を結成し、複数の*イスラム過激派の支援を受けて蜂起。2012年4月、マリ北部に「アザワド国」の〝独立〟を宣言した。

少数民族の独立運動をイスラム過激派が乗っ取る！

トゥアレグ族の長年の念願が叶ったかに見えたが、たった半年ほどで、MNLAはイスラム過激派たちに追い出されてしまう。その後、イスラム過激派は住民に*イスラム教の厳格な解釈を強要。独立を求める民族運動が、全然違うものになってしまった。

2013年1月には、イスラム過激派たちはマリ南部に向けて侵攻を開始する。ここにいたって、マリの暫定政府は旧宗主国であるフランスに支援を要請。フランスは軍事介入に踏みきり、北部の都市を奪還する。2013年9月、国連安全保障理事会のPKO軍の支援のもと、新政権が誕生。マリはようやく再スタートをきった。

しかし、北部の都市から追われたイスラム過激派たちは、山岳地帯などに潜入。自爆テロや誘拐事件などを頻発させている。2016年5月末までに、PKO要員の少なくとも64人が死亡。故郷を追われた避難民もまだ20万人近くいるとされ、マリの混乱は収まっていない。

＊リビアに移住
1970年代、マリを大干ばつが襲ったことから、多くのトゥアレグ族が隣国のリビアに逃れていた。

＊イスラム過激派
同じトゥアレグ族のイスラム過激派「アンサール・ディーン」、アルジェリア人やリビア人主体の「イスラム・マグレブ諸国のアルカイダ」（AQIM）、「西アフリカ統一聖戦運動」（MUJAO）らが加わった。アルジェリア人質事件の首謀者はAQIMの元幹部。

＊イスラム教の厳格な解釈
いわゆるイスラム原理主義を強要し、従わない者には公開処刑や手足切断などをした。

南スーダン独立

2011年

20年以上の内戦を経て、世界で最も新しい国として独立。問題山積で、日本もPKO活動に参加。

世界で最も新しい国は、最も危険な国の一つ！

世界で一番新しい国、それが南スーダンだ。2011年7月9日にスーダンから独立し、アフリカで54番目の国となった。だが、問題が山のようにあり、いずれもすぐには解決しそうにない。日本の外務省も、現地の状況は最も危険な「レベル4」*であるとし、退避勧告を出している。

南スーダンが独立するまでは、長い内戦の時代があった。スーダンは19世紀にエジプトに占領され、その後、イギリスとの共同統治の時代に入る。しかし、北部にはアラブ系のイスラム教徒、南部にはアフリカ系のキリスト教徒が多い。南部の住民は、北部ばかりが開発されることに反発し、両者の間では衝突が絶えなかった。

とうとう1955年に内戦が勃発。翌年、スーダンが独立を果たしたあと、いったん収まったが、1983年に再び内戦になり、2005年*にようやく

＊レベル4
2016年7月現在。

＊2005年に内戦終わる
南部は6年間自治権を持つ、2011年に南部の独立を問う住民投票を行う、といった内容で合意し、停戦にいたった。

終わる。この2度の内戦により、250万人以上が死んだとされる。

PKOで派遣された自衛隊は大丈夫か⁉

2011年1月、南部の独立を問う住民投票が行われ、約99%の賛成を持って南スーダンの独立*が決まった。しかし、本当にこれが国家といえるのか？　水道やガス、道路などのインフラは整備されておらず、地方を治める行政組織もない。難民や避難民も多く、人口の4分の1に当たる200万から300万もの人々が、食糧援助に頼って命をつないでいる。

国の一番の宝物は、豊富な埋蔵量を誇る油田。しかし、輸出に必要な製油所や積み出し港などは北部のスーダンにある。油田は国境線付近にもあるのだが、どこまでが南スーダン領なのか、線をはっきり引けない場所も少なくない。このため、スーダンとの間で国境紛争も起こった。

独立はしたものの、とても自分たちだけではやっていけない南スーダン。国連などの国際機関の支援なしでは、国が成り立たない状況だ。日本も「国連平和維持活動」（PKO）への参加を呼びかけられ、施設部隊などの派遣を決定*。施設部隊は2012年から順次派遣され、道路などのインフラ整備などを行っている。

＊独立
初代大統領には南部自治政府の大統領を務め、「スーダン人民解放軍」を率いたサルバ・キール氏が就任した。

＊派遣を決定
350人規模の部隊を派遣してきた。

ナイジェリア生徒拉致事件

2014年

「西洋式教育は罪」をうたう
イスラム過激派が女学校を急襲！
その後、行方がわからないまま…。

いきなり女学校を襲い、女生徒２００名以上を拉致！

２０１４年４月14日、西アフリカのナイジェリアで、とんでもない拉致事件が起きた。イスラム過激派が女学校を襲い、２７６人の女子生徒*を拉致したのだ。

イスラム過激派の名は、「西洋式教育は罪」という意味の「ボコ・ハラム」。西洋の文化や民主主義を強く否定し、イスラム教の原点に立ち返る世界を目指して、数々のテロ事件を引き起こしてきた。

生徒拉致後、ボコ・ハラムは映像を通じ、女子生徒を「奴隷として売り飛ばす」*と宣言。国際社会は強く非難し、ミシェル・オバマ大統領夫人やノーベル平和賞受賞者のマララ・ユスフザイ*さんらも救出を求めて呼びかけた。ナイジェリア政府軍は２０１６年５月、拉致された女生徒を１人救出したが、残る２００名以上の行方はいまだわからない。

＊女子生徒を拉致
拉致されて数時間後、50人が脱出に成功した。

＊奴隷として売り飛ばす
のちに、「イスラム教に改宗させて結婚させた」とも言った。

＊マララ・ユスフザイ
パキスタンの女性人権活動家。イスラム過激派のタリバンに襲撃されたが、その後も脅しに屈することなく活動を続けている。

女の子を使った自爆テロが急に増えている…

ボコ・ハラムは一時、ナイジェリア北東部に勢力を伸ばし、「イスラム国」（ＩＳ）の「西アフリカ州」を自称した。しかし、政府軍の掃討作戦で、実効支配する地を失っていった。

一時の勢いはないのだが、テロ活動のやり方に極めて大きな問題がある。子ども*を使った自爆テロを急増させているのだ。しかも、その4分の3以上が女の子だという。子どもたちに爆弾ベルトを巻き、人ごみに行かせて、遠隔操作で起爆……。人間の所業とは思えない非道なことが行われている。

＊子どもを使った自爆テロ
ボコ・ハラムが活動するナイジェリア、カメルーン、チャド、ニジェールの4か国で、自爆テロに関与させられた子どもは2014年には4人だったのが、15年には44人に急増した。

アフリカ【年表】

1988年		ソマリアで内戦勃発。
1989年		リベリアで内戦勃発。
1991年		シエラレオネで内戦勃発。
1997年		リベリアで大統領・議会選挙。
1998年		コンゴ民主共和国で内戦勃発。
2002年	1月	シエラレオネで武装解除。
2003年	6月	リベリアで内戦勃発。
		停戦合意。
	7月	コンゴ民主共和国で和平合意。
2005年	1月	スーダンで和平合意。
2010年		ソマリアで2012年まで続く大飢饉発生。
2011年	7月	南スーダン、独立。
2012年	4月	マリ北部でアザワド国が独立宣言。
	10月	ソマリアに新政府誕生。
2013年	1月	マリ北部紛争にフランスが介入。
		アルジェリアで人質事件、日本人10人が犠牲に。
2014年	4月	ナイジェリア生徒拉致事件。

年代	月	主な出来事
1895年	1月	明治政府、尖閣諸島を領土に。
1905年	1月	明治政府、竹島を隠岐島庁の所管とする。
1947年		中華民国、南シナ海に「十一段線」を引く。
1952年	1月	韓国の李承晩大統領、「李承晩ライン」を設定。
1953年		中国、「十一段線」を修正して「九段線」に。
1970年代		尖閣諸島周辺で石油埋蔵の可能性が判明。中国、領有権を主張。
		南シナ海で石油埋蔵が判明。中国、領有権を主張。
1972年	5月	沖縄返還に伴って、尖閣諸島が日本に復帰。
1974年	1月	西沙諸島領有権を巡り、中国とベトナムが開戦。
1988年		ソマリアで内戦勃発。
	3月	南沙諸島領有権を巡り、中国とベトナムが開戦。
1989年		リベリアで内戦勃発。
1991年		シエラレオネで内戦勃発。
1993年	5月	北朝鮮、初の弾道ミサイル発射。
	11月	EU設立。
1995年	2月	中国、南沙諸島ミスチーフ礁に建造物を建設。
1997年		リベリアで大統領・議会選挙。
1998年		コンゴ民主共和国で内戦勃発。
1999年	1月	EU、ユーロ導入。
	8月	第二次チェチェン紛争、勃発。
2001年	9月	アメリカ同時多発テロ事件、発生。
	10月	アメリカ、アフガニスタン空爆。
2002年	1月	EU加盟国内でユーロの流通開始。
		シエラレオネで武装解除。
	10月	モスクワ劇場占拠テロ事件。

2003年	1月	北朝鮮、「核拡散防止条約（NPT）」から脱退。
	3月	イラク戦争、開戦。
	6月	リベリアで内戦勃発。
		停戦合意。
	7月	コンゴ民主共和国で和平合意。
2004年	9月	北オセチア学校占拠事件。
2005年	1月	スーダンで和平合意。
	3月	島根県、「竹島の日」制定。
2006年	5月	日米政府、米軍再編合意。
	10月	北朝鮮、初の核実験。
2007年	夏	サブプライムローン問題、発生。
2008年	3月	チベット騒乱。
	8月	南オセチア紛争、勃発。
		南オセチアで和平合意。
		ロシアが南オセチアとアブハジアの独立を承認。
	9月	リーマン・ブラザーズ、連邦破産法の適用を申請。
	10月	アイスランド、財政破綻。
2009年	1月	バラク・オバマ、アメリカ大統領就任。
	4月	オバマ大統領、「核なき世界」への決意表明。
		第二次チェチェン紛争、戦闘終結。
	5月	北朝鮮、2度目の核実験。
	7月	新疆ウイグル騒乱。
	10月	オバマ大統領、ノーベル平和賞の受賞決定。
		ギリシャの粉飾財政、明るみに。
2010年		ソマリアで2012年まで続く大飢饉発生。
		中国、GDP世界2位に。

	4月	オバマ大統領、「新戦略兵器削減条約」に署名。「核保安サミット」開催。
	5月	EU、ギリシャに1100億ユーロの支援。
	8月	イラク戦争、大規模戦闘終結宣言。
	9月	中国漁船、尖閣諸島近くで領海侵犯。海保の巡視船に体当たり。
	12月	チュニジアで青年が抗議の焼身自殺。大規模デモ発生。
2011年	1月	チュニジアのベン・アリ大統領、亡命。
		民主化運動「アラブの春」が中東・北アフリカ各国に波及。
		エジプトのムバラク大統領、退陣。
	3月	福島原発事故。
	7月	南スーダン、独立。
	夏	シリアで反体制派が武力で対抗。
	10月	リビアのカダフィ大佐、殺害。
	12月	慰安婦少女像、韓国の日本大使館前に設置。
		チュニジア、新政権誕生。
		金正日朝鮮労働党総書記、死去。
2012年	2月	EU、ギリシャに1300億ユーロの支援。
	4月	マリ北部でアザワド国が独立宣言。
		金正恩、朝鮮労働党第一書記に就任。
		東京都、尖閣諸島買い取り計画を発表。
		スカボロー礁で中国とフィリピンが睨み合い。
	5月	日本国内の原発、すべて止まる。
	6月	国連幹部が「シリアは内戦状態」と認める。
	7月	大飯原発3号機、再稼働。「原発ゼロ」、2か月で終了。
	8月	韓国の李明博大統領、竹島上陸。
		韓国に竹島領有権問題の国際司法裁判所への共同提訴を3度目の提案。

9月 韓国、提案を拒否。
日本政府、尖閣諸島国有化。
中国で過去最大の反日デモ。
野田政権、「2030年代に原発ゼロ」を表明。

10月 ソマリアに新政府誕生。

2013年〜

1月 IS、シリアでの活動を拡大。
マリ北部紛争にフランスが介入。
アルジェリアで人質事件、日本人10人が犠牲に。
フィリピン、常設仲裁裁判所に中国を提訴。
イギリスのキャメロン首相がEU離脱を問う国民投票実施を約束。

2月 北朝鮮、3度目の核実験。
朴槿恵、韓国大統領就任。

3月 習近平、中国国家主席に就任。

7月 安倍政権、原発再稼働に向けて新規則基準を導入。

11月 ウクライナのヤヌコビッチ大統領、EUとの連合協定を凍結。
ウクライナで大規模な反政府デモ発生。
中国、南沙諸島で大規模な埋め立て。

2014年〜

1月 IS、イラクに侵攻開始。

2月 ウクライナで衝突、100人以上の死者。
ウクライナに暫定政権発足。

3月 クリミア半島で住民投票。結果を受けて、ロシアが編入。

4月 ナイジェリア生徒拉致事件。

5月 中国、西沙諸島に石油掘削装置を設置。

6月 ロシアで開催予定の「G8サミット」を欧米、日本、カナダがボイコット。
欧州理事会（EU首脳会議）、長期戦略案「エネルギー同盟」発表。
IS、国家樹立宣言。

	7月	日豪EPA合意。
	8月	有志連合、ISの拠点を空爆開始。
	9月	スコットランドで独立を問う国民投票。反対が多数占める。
		香港で「雨傘革命」。
	12月	オバマ大統領、キューバとの国交正常化に乗り出すと宣言。
2015年	1月	安倍首相、ISによる難民支援で2億ドル支援を表明。
		ISが日本人拘束、身代金2億ドル要求後、殺害。
	2月	ウクライナ和平協議で停戦合意。
	春	ヨーロッパに難民の流入急増。
	6月	ギリシャ、初の債務不履行の国に。
	7月	ギリシャ国民投票で緊縮策反対が多数占める。
		アメリカとキューバ、国交回復。
	9月	ドイツのメルケル首相、難民の寛大な受け入れ表明。
		ロシア、シリア空爆開始。
	10月	TPP、大筋合意。
	11月	パリ同時多発テロ。
	12月	フランスで極右政党「国民戦線」が大躍進寸前に。
		慰安婦問題で日韓合意。
2016年	1月	北朝鮮、4度目の核実験。
		欧米のイランに対する経済制裁、解除。
	3月	ロシア、シリア空爆終了。
	5月	オバマ大統領、広島訪問。
	6月	北朝鮮、弾道ミサイル「ムスダン」、初の発射成功。
		イギリスでEU離脱を問う国民投票。離脱が多数占める。
	7月	バングラデシュでテロ。日本人7人を含む20人が犠牲に。
		常設仲裁裁判所、「九段線に根拠なし」と判断。

重要キーワード索引

人物

過激派・反体制派組織

紛争・領有権争い

テロ・人質事件

その他、重要な出来事

◎参考文献

『平成27年度版　防衛白書』
『朝日キーワード』２０１０〜２０１７（朝日新聞出版編／朝日新聞出版）
『朝日ジュニア学習年鑑』２０１０〜２０１６（朝日新聞出版生活文化編集部編集／朝日新聞出版）
『池上彰の現代史授業２　20世紀の終わり』（池上彰／ミネルヴァ書房）
『池上彰の現代史授業３　21世紀はじめの10年』（池上彰／ミネルヴァ書房）
『池上彰の現代史授業４　平成20年代』（池上彰／ミネルヴァ書房）
『池上彰と考える戦争の現代史２　独立戦争』（池上彰・監修／ポプラ社）
『池上彰と考える戦争の現代史３　国境・領土紛争』（池上彰・監修／ポプラ社）
『ここがポイント!!　池上彰解説塾１』（池上彰＋「ここがポイント!!　池上彰解説塾」スタッフ／海竜社）
『ここがポイント!!　池上彰解説塾２』（池上彰＋「ここがポイント!!　池上彰解説塾」スタッフ／海竜社）
『ニュース探検隊　国際問題について知ろう』（池上彰・増田ユリヤ／学習研究社）
『21世紀の紛争 子ども・平和・未来４　アフリカからのレポート』（吉岡攻編集／岩崎書店）
『世界史の教科書』（洋泉社）
『面白いほどよくわかる世界経済』（神樹兵輔／日本文芸社）
『自然エネルギー白書２０１５　サマリー版』（認定ＮＰＯ法人　環境エネルギー政策研究所）

◎参考論文

『シエラレオネ紛争における一般市民への残虐な暴力の解剖学』（落合雄彦）

◎**主な参考ホームページ**

■外務省
■防衛省
■公安調査庁／国際テロリズム
■TPP政府対策本部
■日本ソマリア青年機構
■沖縄県／沖縄の米軍基地
■福島県ホームページ／ふくしま復興ステーション
■国連WFP
■駐日EU代表部公式ウェブマガジンEU MAG
■ロシアNOW
■ドイツニュースダイジェスト
■CNN
■BCC
■ロイター
■ニューズウィーク日本版
■朝日新聞デジタル
■dot.・朝日新聞出版
■毎日新聞
■日経ビジネス
■日本経済新聞／全図解ニュース解説
■NHK解説アーカイブス
■時事ドットコム
■東洋経済オンライン
■テレビ朝日
■ケア・インターナショナル ジャパン
■ハフィントンポスト
■一般社団法人日本貿易会
■日本ソマリア青年機構
■電気事業連合会
■関西電力
■Sustainable Japan
■東京財団
■環境ビジネスオンライン
■THE PAGE／解説
■コトバンク
■塾講師STATION情報局

※本書の情報・データは2016年9月現在のものです。

本文デザイン／青木佐和子
カバー・本文イラスト／瀬川尚志
編集協力／田中浩之（編集工房リテラ）

編者紹介

歴史ジャーナリズムの会 民族紛争、テロ事件、領土問題など、日々伝えられる最新ニュースの原因を過去の歴史に求め、なぜこのような事態を招いてしまったのかを追求している。

原因《げんいん》と結果《けっか》の現代史《げんだいし》

2016年10月5日 第1刷

編　　者　歴史《れきし》ジャーナリズムの会《かい》
発 行 者　小 澤 源 太 郎

責任編集　株式会社 プライム涌光
電話 編集部 03(3203)2850

発 行 所　株式会社 青春出版社
東京都新宿区若松町12番1号 〒162-0056
振替番号 00190-7-98602
電話 営業部 03(3207)1916

印 刷 共同印刷　製 本 大口製本

万一、落丁、乱丁がありました節は、お取りかえします。

ISBN978-4-413-23013-1 C0020